PARTNERS' BOOK FOR YOUNG TEACHERS

学級経営

若い先生のパートナーズBOOK

保護者対応
信頼はぐくむ教師の「聞く力」

生井光治
著

はじめに

　今日も必死に6時間の授業を終えて、子どもの下校が完了。ようやく一息つけると思って腰を下ろす職員室。そこにかかってくる一本の電話。受話器を取った先生に、つい注目してしまう。その先生は私を見ながら「少々お待ちください」と言って保留ボタンを押した。

　この描写だけでドキドキしてしまうには十分なくらい、私も保護者との関わりが大きなストレスや悩みだったことがありました。

　教室にいるときに「ピンポンパンポーン」と校内放送のメロディチャイムが鳴れば、「頼む、俺じゃないように！」なんて祈るように、スピーカーを睨むこともありました。

　でも今思えば、かつての私の反応こそが誤ったマインドセットの証であり、うまくいかない原因にほかならないのです。もし今、あなたが同じように反応しているのなら、大丈夫、きっと変わります。そのためにこの本を書きました。

　東洋経済が2021年に取った「教員に向けたICT教育に関する調査」によれば、「業務に関連したストレスや悩み」に対して最も多かったのが、「保護者・PTA・地域などへの対応」の38.5%でした。なんと、これだけ深刻な問題として報道されている「長時間勤務」の36.3%を上回るのです。

　なぜ多くの先生が苦しまなければいけないのでしょうか…。

本書を手に取ってくださったということは、あなたは少なからず保護者との関係に悩みや不安を抱えていらっしゃることと思います。

　苦しいですよね。

　辛いですよね。

　私が本書に込めた願いはただ一つ。保護者との関係を理由に、この仕事を離れないでほしい。これに尽きるのです。

保護者対応！？

　よく使われていて馴染みのある「保護者対応」という言葉をタイトルに付けていますが、ごめんなさい、この言葉自体が私は好きではありません。保護者は「対応」するべき対象なのでしょうか。

　「対応」の意味の１つには「互いに向かい合っていること」というものがありますが、向かい合おうとするからうまくいかないのだと思うのです。教師と保護者は、サービスを提供する側とサービスを受ける側ではないのですから。

　本書は、「保護者のクレームを回避する」ようなネガティブな解決策を紹介する本でも、「保護者に喜んでもらう」ような過剰なサービスの提供を提案するための本でもありません。

　大切な一人の子どもをど真ん中にして、保護者と教師がどのようなパートナーシップを結んでいくことが、教育の価値を最大限に高めることができるのかを追求した本です。

　どうか、あなたの教室とあなたのクラスの子どもの家に笑顔が溢れますように。

目次

2 はじめに

第0章 『聞く』ことの難しさ

8 思っているより自分は「話している」

10 うまくいかない理由を探る

第1章 『聞く』ことの大切さ

14 保護者は「子育てのパートナー」

16 保護者の話を『聞く』スキル①〜④

24 チャンスに転換する初期対応

第2章 信頼が増す『聞く』力と語り ―保護者会の活用―

28 プラスに働く保護者会とは

　　〜1回1回を線でつなぐ1年間〜

32 「自分」を知ってもらおう！

34 願いを語る

36 社会を語る

37 未来を語る〜予測できない未来だからこそ〜

38 子どもを語る〜学習〜

39 子どもを語る〜生活〜

40 起こりうるトラブルも語る

第3章 自ら『聞く』

44 『聞く』か『聞かれる』かが明暗

48 迷ったら『聞く』

50 学級通信で『聞く』

53 保護者会前後に『聞く』

55 行事の前後に『聞く』

58 面談前に『聞く』

59 対応後に『聞く』

62 コラム　子どものケンカ仲裁必勝法
　　　　～褒めるために『聞く』～

第4章 個別の対応で『聞く』

64 「困った親」ではなく「困っている親」

66 怒っている保護者から『聞く』

68 心理的事実と客観的事実を区別する

70 『聞く』の先にある対応

72 電話連絡は準備が9割

76 最も難しい連絡帳対応のポイント

第5章 個別面談で『聞く』ための語り

78 個別面談の意義

80 15分間を組み立てる

82 『聞く』から始める個別面談

84 良さを語る

86 伸びしろを語る

88 コラム「感動の個別面談」

第6章 信頼を得る個別面談 ―『聞く』ための構え―

90 時間厳守

92 待ち時間を豊かにするアイディア

93 環境を整える

94 学習面と生活面の根拠

95 各種調査やアンケート

96 記録用紙を作る

98 プロであればこそ

100 一番大切なのは「面談後」

　　 ～面談は終わりではなく始まり～

102 コラム「予定外の個別面談」

103 終わりに

第0章

『聞く』ことの難しさ

思っているより
自分は「話している」

「話す」より「話させる」仕事

　「よい授業」の定義が年々変わってきている。自立した学習者を育てる教育が重視されていることや、GIGA スクール構想によるところも大きい。中でも、若い先生方に共通する課題として指摘されることが多いのが、教師が「しゃべりすぎる」授業からの転換だ。なぜしゃべりすぎるのか。そのような授業を受けてきたからだと、私は思う。

　しかし、変化の激しい世の中を生き抜く子どもを育てる教師に重要なマインドセットは、「教わったように教えない」ということではないだろうか。読者の皆さんが教師を志すきっかけをつくったかもしれない「先生」を否定するつもりは毛頭ない。いや、素晴らしい先生であるからこそ、おそらく今もアップデートを続けていらっしゃるはずだ。

　嬉しいことに、私がかつて担任した中から教師になる子が出てきた。恐縮するが「生井先生のようになりたくて…」とまで言ってくれる。しかし、この子が知っている「生井先生のように」は、今の私とは違う。顕著な違いを１つ挙げるとすれば、当時の私はいかに「話す」かに力を入れていた。今の私は、いかに「話させる」かに力を入れている。大きな大きな違いだ。だから、こう願う。「（当時の）生井先生のようにはなるな」と。もちろん、もっと根っこの部分で響くもの

があって、この仕事に憧れを抱いてくれたのだと思ってはいるが。

保護者に「話させる」ために『聞く』

　保護者に対しても同じだ。若い頃の私は、話し過ぎていた。今思えば、相手の話を遮るかのように話していた。「話しても無駄だ」と思われてしまったかもしれないのに、何も言わずに帰られる姿に「納得してもらえた」などと、痛い勘違いまでしていた。納得してもらえたかどうかなんて、『聞く』姿勢を貫かない限り、分かるはずもない。それなのに、自分の力量不足が露呈しないように必死だった。

　でも、今ならよく分かる。保護者の方は、初任〜３年目頃の私の力量不足などは分かっている。それでも、我が子のために対立を選ばず、歩み寄って話をしてくださった。子どもは担任を選べない。当然、保護者も担任を選べない。だから、対立することをはじめから望んでなどいない。保護者と担任の対立が、我が子にマイナスの影響を及ぼすことなど分かりきっているからだ。それなのに対立してしまったとしたら、その原因の第一には、教師が『聞く』姿勢を示せなかったことがあるのではないだろうか。

　会話はキャッチボールに例えられる。キャッチボールは投げ合いではない。受け取り合いだ。受け止め合いでもある。投げてもらわなければ、受け取ることもできない。相手のボールの勢いによって、返すボールの強さも種類も変わってくる。受け止めやすい良い球を投げたいからこそ、まずはしっかりと受け止めていきたい。それが『聞く』ということだ。

うまくいかない理由を探る

正義 VS 正義

　♪人はそれぞれ「正義」があって、♪

　♪争い合うのは仕方ないのかも知れない♪

　これは SEKAI NO OWARI の「Dragon Night」の一節だ。保護者との関係性がうまくいかないとしたら、親としての「正義」と教師としての「正義」がぶつかっているからではないだろうか。

　「正義」と「正義」は、本来簡単に一致するものではない。日本を「平和で豊かな国にする」という目的が一致しているはずの与党と野党も、国会で対立する。これが国同士になれば戦争になることもある。目的が大きくなればなるほど、「正義」と「正義」の間に生まれた溝を埋めるのは至難の業だ。

　では、保護者と教師が対立する場合、互いの目的は何か。それは子どもの幸せである。決して小さな目的ではない。いや、親にしてみれば、自分の命を懸けてでも果たしたい目的である。だからこそ、「争い合うのは仕方ないのかもしれない」というマインドでいることで、見えてくる世界もあるのだと思う。

相手の正義を『聞く』

　人は、大事にしているものがあればあるほど、語りたくな

る。なぜなら、自分の「正義」を否定されたくないからだ。ときに、相手の正義を認めることは、自分の正義を否定することにもなる。だからこそ、努めて『聞く』ことが大切なのだ。

　「我が子に不幸になってほしいから宿題を出さないでください」などというクレームは聞いたことがない。もし本気でそれを言っているのなら、児童相談所通報案件だ。でも、現実に「宿題が多いので減らしてください」という意見や要望を受けることはある。このような場面で教師にどのような対応ができるか。

　① とんでもない親だなと思いながら「できません」と断る。
　② とんでもない親だなと思いながらも「分かりました」と
　　応じる。
　③ 先輩や管理職に相談する。

　「若手」と呼ばれる先生であれば、おそらく自分で判断せずに③の「相談する」を選択することが多いのではないだろうか。もちろん、それでいい。報・連・相は基本中の基本だ。だが、相談するのは相手の考えを聞いてからでも遅くない。いやむしろ、相談される先輩としても、保護者の考えが分からなければ、アドバイスは難しい。だからこそ第４の選択肢として、まず『聞く』をもってほしい。

　教師は「その子のため」になるという「正義」のために宿題を出している。だから、それを否定される＝「その子のため」にならないと、短絡的に思いがちだ。そして、その主張をしてくる相手を「とんでもない人だ」と否定したくなる。

　しかし、「正義」の反対は「悪」ではない。「正義」の反対は「正義」であることの方が多い。そして、唯一の正解など存在しない「教育」という営みだからこそ、「正義」と「正義」

の間にも無数の「正義」が広がっている。

　例えば、教師という同じ立場が集まる職員室内もそうだ。「子どものため」に学級通信を出す人が「正義」だとしたら、学級通信を出さない人が「悪」かというと、そんなことは決してない。学級通信を毎日出す人もいれば、週に1回、月に1回の人もいる。学級通信ではなく、一筆箋で子どもの良さを定期的に保護者に伝えている人もいる。頻繁に保護者に電話をして、心配なことだけでなく、その子が最近頑張っている姿を嬉々として話す人がいる。毎日「朝の会」でとっておきの話をする人がいる。…そう「子どものため」は「白」か「黒」ではなく「グラデーション」なのだ。

　「教師」と「保護者」という異なる立場であれば、なおさらグラデーションであることを忘れやすい。だからこそ、『聞く』しかない。「保護者とうまくいかないなあ」と感じることがあればこそ、「分かってもらえているだろうか」「伝わっていないのだろうか」ではなく、「きちんと聞けているだろうか」と自問自答していきたい。

　♪人はそれぞれ「正義」があって、♪
　♪争い合うのは仕方ないのかも知れない♪
　♪だけど僕の「正義」がきっと彼を傷付けていたんだね♪
　もし、このようなオープンマインドで『聞く』ことができれば、多くの場合、保護者との関係は良い方向へと進んでいくことができるのではないだろうか。

第1章

『聞く』ことの大切さ

保護者は「子育てのパートナー」

目指すべき「保護者対応のゴール」

　本書を執筆した私の願いは、「保護者との関係を理由に、この仕事を離れないでほしい」ことだとすでにお伝えした。しかし、保護者対応のゴールは、そんな後ろ向きなことではない。「願い」と「目的」は異なる。

　では、私が本書を執筆した目的である、保護者対応のゴールは何か。それは、教師と保護者が「子育てのパートナー」としてのパートナーシップを強固にして、より良い教育活動を模索し、実現していくことだ。

「お客様は神様」か

　サービス産業では、「お客様は神様だ」という言葉をよく聞く。私もかつて上司から、「お客様は神様だという言葉があるが、学校では子どもや保護者を神様のように扱う時代になったのだよ」とありがたい話を伺ったことがある。しかし、今は全くそうは思わない。そもそも、公教育はサービス産業ではない。

　基本的に、保護者は学校を選べない。クラスも選べないし、担任も選べない。つまり、「出されたラーメンが美味しくないから、この店にはもう行かない」なんていうようには、簡単に変えられないのだ。

一方で、保護者の中では、学校教育に対して「顧客意識」が高まってしまっていることも事実だ。これにはさまざまな要因が重なっているのだと思う。社会全体が便利で豊かなもので溢れている。不便を感じることが少ないから、「有ることが難しい」と考えられないようになり、「有り難う」の代わりにやってもらって「当たり前」という「顧客意識」が蔓延していく。これは社会全体の問題だが、学校側にも反省すべき点はあると思う。

その1つが、学校教育を数値で評価させることだ。様々な学校評価は、教育活動や学校運営についての理解を促し、協力を得ようとすることを目的としているはずだ。しかし、この「評価する」という行為が、ネットの口コミの投稿のように「顧客意識」を増長させ、数値を過度に恐れる教師との分断を生んでいるように思えてならない。だから、「担任ガチャ」などと言われてしまうのだ。

学校教育に「当事者意識」を取り戻す

このような社会全体に蔓延する「顧客意識」を打開する方法は、もはや『聞く』以外にない。紙やフォームで数値を提出させるのではなく、声を『聞く』。子育ての一番の当事者が「親」であることは誰も否定しない。しかし、学校に考えを述べることを恐れている保護者もいるのだ。「モンスターなんて思われたらどうしよう」と。だから、こちらから『聞く』のだ。「聞かせてください」と心を開くあなたの一言は、閉ざされた学校の扉を開くことになり、「当事者意識」の「蘇生」となる。

保護者の話を『聞く』スキル①
『聞く』は全身運動

　「聞くときに使うのは、体のどこでしょう？」と子どもに聞けば、まず「耳」と返ってくることだろう。しかし、耳が不自由な人に『聞く』力がないかと言えば、全くそんなことはないはずだ。むしろ、耳から聞こえる情報に頼らない分、本質を受け取ることができる人もいるだろう。では、あなたは体のどこを使って保護者の話を『聞く』べきか。先を読む前に、ぜひ一度書き出してみてほしい。

耳で『聞く』

　耳で得られる情報は「音」だ。では、文章を読むのと、耳で聞くのとで得られる情報の違いは何か。耳からは「言葉」のほかに、語調が含まれる。強さ、速さ、イントネーションや抑揚から感じられる情報はとても多い。言葉だけでなく、感情をも耳で受け取っているのだ。

目で『聞く』

　いくつもの心理学的研究で、目を合わせる時間が長いほど、その人に対する信頼度が高まることが示されている。逆に、視線を逸らすことは、

自信のなさや共感できない意思の表れとも受け取られかねない。「目は口ほどにものを言う」とは、まさにこういうことだ。

心で『聞く』

相手の立場に立って、気持ちを思いやりながら聞くということだ。共感的なマインドで心を開くことで、大切な思いを引き出すことにつながる。

口で『聞く』

相づちや返事、復唱、質問等、必要に応じて言葉を返せることも、『聞く』スキルの一つだ。

体で『聞く』

表情や姿勢、ジェスチャーなど、体の動きで相手への共感的な態度を表明できる。アメリカの心理学者メラビアンによる「メラビアンの法則」では、相手の感情や態度を判断する上で、視覚情報（見た目や表情、しぐさなど）が55%にものぼるとされている。いかに相手の目に映る自分の姿が大切なのかを物語っている。

脳で『聞く』

耳・目・心・口・体を使って受け取った情報を解釈し、どんなボールを返すべきかを判断するのは、あなたの脳である。

保護者の話を『聞く』スキル②
積極的傾聴〜Active listening〜

　前のページでは『聞く』という行為が全身運動であることを説明した。だからエネルギーを使うし、眠くもなるのだ。
　ここでは、畳みかけるようにより一層エネルギーを使う、「積極的傾聴」について説明する。
　積極的傾聴とは、相手の発する言葉から受け取れる情報だけでなく、その背後にある感情や気持ちまでを思いやり、積極的につかもうとする聞き方のことだ。積極的傾聴を可能にする第一歩は、前ページにあるように全身を使って聞くことなので、自分があまり使っていない部分を見付け、意識的にその機能を働かせていくとよい。
　ここでは、積極的傾聴を妨げる要因について確認したい。

思い込みや先入観

　これは、教師が保護者に対して抱く感情の中で、最も邪魔なものだ。

　ある年の春休み。前の担任から「この保護者は言いがかりをつけて批判してくるから気を付けた方がいい」と引き継がれたことがある。しかし、1年間終わってみれば、何かにつけて力になってくれたり、学校公開のアンケート等でも積極的にポジティブな感想を残して

くれたりした。つまり、前の担任がうまくいかなかっただけなのだ。家庭環境等、客観的な事実に基づいた「触れてはいけないこと」や、保護者本人から学校へ伝えられている配慮事項などであれば、大切にすべきだ。それは、思い込みでも先入観でもない。しかし、受け手が抱いた主観に基づく印象などは、何の役にも立たない。聞いた瞬間に忘れていい。自分の態度に出てしまい、必ず伝わってしまうからだ。

勝ち負け姿勢

対話は相手を負かすためにするのではない。それなのに、「相手を納得させられたら勝ち」のようなゴール設定をしていると、話は空転する。すでに述べたが、対話はどちら側も「正義」だ。勝ち負けではない。同じ方向を向くことができる道をグラデーションの中から探っていくという姿勢が大切だ。

強すぎる責任感と使命感

若手の先生が経験不足であることは、当然保護者も分かっている。それなのに、「教師として」「担任なのだから」と、自分の弱さや力不足が露呈しないように必死になることは、積極的傾聴の阻害要因になる。

『聞く』は「受け取る」ということであり、受け取るには器が必要だ。器いっぱいに、自分をよく見せようとするプライドや見栄を注いでしまえば、相手の思いの入る余地はなくなる。大丈夫、保護者も分かっている。足りない部分は先輩の力を借りていけばいいのだ。

保護者の話を『聞く』スキル③
積極的傾聴のための具体的スキル

　ここでは、話を『聞く』具体的なスキルについて紹介する。『聞く』ことはセンスではない。スキルだ。つまり、意識することで、誰にだって高めることができる。

　最初に断っておくが、メモを取りながら聞くことはお勧めしない。相手が話している最中にメモを取ろうとすれば、以下のスキルは果たせない。二人以上で対応できるときに、一人が記録係としてメモに集中するか、一人のときには相手の気持ちになって「そこは記録しないとダメでしょう」と感じられるようなときに限って、メモを取ればよい。意外にこの感覚は分かるものだ。

視線

　合わせすぎず、そらしすぎないことがポイントだ。目を合わせるのが苦手だという人は、眉間を見るようにするとよい。
合わせすぎるとプレッシャーにもなりかねないので、相手が「目を合わせるペース」を意識するとよい。

相づち

　これはすぐにできる。相づちは相手の話を遮らずに共感できる、簡単でとって

おきの方法だ。相づちを打つときには、目を合わせるとよいだろう。

リフレイン

　相手が言ったことをおうむ返しする。例えば「家に帰るとゲームばかりやるから困るんですよ。」と言われたら、「ゲームばかりやって困っているのですね」と返す。文字だけで見ると間抜けなやり取りに感じるが、実際の会話の中では共感的な姿勢が伝わるので、とても効果的だ。

要約して伝える

　相手の話が支離滅裂で、あっちこっちに飛ぶことがある。そんなときには、話を遮ったり、途中で無理に話を戻そうとしたりするのではなく、相づちを打ちながら待つ。そして、途切れたところでまとめて返すのだ。「……が一番困っていて、次に……を何とかしたいと考えられているのですね」と。相手の話がまとまらないときこそ、話を要約して伝える準備を心の中でしていこう。

相手のペースを大切にする

　人は自分にとって心地良いペースで話す。逆に言えば、相手のペースに合わせられれば、相手は心地良さを感じる。話すスピードや高さ、呼吸、姿勢、表情等を合わせようと意識することで、話しやすい雰囲気を創ることができる。

保護者の話を『聞く』スキル④
『聞く』の４段階

　あなたは何を『聞く』ために対話をしようとするのか。この目的をはっきりさせた上で臨むと、聞き方も変わってくる。この「何を」というのは、話す内容の種類ではなく、話の深さである。これには４段階ある。

相手が話していることを『聞く』
相手が話そうとしていることを『聞く』
相手が話さないことまで『聞く』
相手が気づいていないことを『聞く』

相手が話していることを『聞く』

　これは、相手が口に出したことのみを受け止めるという段階で、対話としては失敗だ。お酒の前に出てきたお通しだけ食べて見切りをつけ、居酒屋を出てしまうようなものだ。ビールにすらありつけていない。

相手が話そうとしていることを『聞く』

　この段階は、相手が話したいと思っていたことを『聞く』ことができている段階だ。飲みたかったビールとお目当てのつまみを得ることができる。ここが対話の最低ラインだと言える。

相手が話さないことまで『聞く』

　これは、相手の目的とは別に、話すつもりはなかったけれど「聞いてもらえたら嬉しいこと」を引き出すことのできた段階だ。積極的傾聴によって相手が自己開示することを許し、子育てのパートナーシップを結べるようになる。注文されていない料理を提案して、喜んでもらえたような段階だ。常連になるだろう。

相手が気づいていないことを『聞く』

　ここは最上級レベルなので、すぐにたどり着けるものではない。コーチングスキルのある方が目指すレベルだ。ただし、教育のプロであれば、いつか「保護者自身も気づいていないが、実は保護者が望んでいたり願っていたりすること」を引き出せるようになりたい。ビールしか飲まない客に、食べ物の傾向から話を広げて日本酒を飲んでみたい気持ちにさせ、見事にはまるようなものだ。この客は、この店に行く目的が大きく変わることだろう。

チャンスに転換する初期対応

ギョーザのピンチ

あるとき、Xで一枚の写真が炎上していたのを目にした。とある食品メーカーの冷凍餃子。パッケージに「水も油もいらない」と書いてあり、指示通り作ったのにフライパンが焦げ、引っ付いて剥がせないという写真だ。さあ、食品メーカーは大ピンチである。

しかしメーカーは、このピンチを見事にチャンスに転換したのだ。一体何をしたのか、予想してから続きを読んでもらいたい。

このメーカーは、メーカー公式アカウントで、「ほかにも焦げ付いてしまったフライパンがあれば、研究のために着払いで送ってほしい」と呼びかけたのだ。これが瞬く間に広がり、送られてきたフライパンは1000個を超え、送付者には餃子の返礼品まで送られた。このポストも7万「いいね」を超え、メディアに取り上げられた。さらに、研究結果が報告されるとともに、使い古されたフライパンでも上手に焼けるコツが紹介された。

このあまりにも見事な対応に感動した私は、普段は冷凍食

品を買わないのについこの商品を手に取り、美しく焼き上げてしまった。ピンチがなければ知ることのない企業努力を、多くの人が知ることになった。どのような利益に結び付いたかは分からないが、少なくとも下がりそうだった企業イメージが、ピンチの前よりも上がったことは間違いない。

担任のピンチ

　このメーカー（のピンチ）に似たようなことは、保護者との関係性においても往々にしてある。怒鳴り込んできたお父さんが握手をして帰り、その後アンケート等で驚くほどポジティブな記述ばかりしてくれるようになったこともある。

　相手が「怒っている」という状況は、まさしくピンチである。しかし、「怒っている」というのは、「怒っている」という感情を表現してくれているのだと、ポジティブに捉えることもできる。なぜなら、こちらの対応に怒っていたり、疑問に思ったりしていても、言ってこない保護者の方が圧倒的に多いからだ。

　言ってこない保護者の心情を想像してみよう。

・言っても無駄だ。

・言ってしまったら、我が子に不利益があるかもしれない。

・相手の保護者と揉めたくない。

・我が子が「言うな」とブレーキをかけている。

・１年我慢すればいい。

・「モンスターペアレント」だと思われたらどうしよう。

・「過保護」だと思われたらどうしよう。

　学校側に保護者が本音を言いづらい理由など、挙げればきりがない。だからこそ、本音をぶつけてくれる保護者には、

まず感謝した方がいい。そして、「子育てのパートナー」になるスタートラインに立つチャンスを得たと思えばいい。怖いのであれば、先輩を頼ろう。

ピンチをチャンスに転換する初期対応

　詳しくは、第4章「個別の対応で『聞く』」を読んでほしいが、ここで1つだけ挙げるとすれば、とにかく「誠実であれ」ということだ。自分を守ろうとする姿勢は、最も不誠実な印象を抱かせる。まずは、怒らせてしまったこと、不安に思わせてしまったこと、指導が行き届かなかったことについてお詫びする。それは事実だからだ。

　そして、いつまでもしょんぼりして話を進めるのではなく、目の奥に力を宿して、積極的傾聴を心がける。「この先生は、解決に向けて真剣に考えてくれている」という信頼があってこそ、その先の対応策も具体的に進められるようになる。

　ピンチがチャンスになる瞬間は、保護者が「今日は話してよかった」と思えたときだろう。そう、何度も言うが『聞く』ことができたかどうかなのだ。

　どう言い訳しようかとか、どう納得してもらおうかとか、どう折り合いを付けようかとかいう小手先のゴールではなく、どうすれば「話してよかった」と思って帰ってもらえるか。これを対話のゴールにすればよい。

　保護者は勇気をもって話をしに来ている。

　それは保護者の「誠意」だ。そして、我が子の幸せを願う親としての「覚悟」だ。そこに向き合えるのは「誠実」でしかない。そのことを忘れないでいたい。

第2章

信頼が増す
『聞く』力と語り
―保護者会の活用―

プラスに働く保護者会とは
～1回1回を線でつなぐ1年間～

保護者会を前向きに捉える

　保護者会といえば、多くの教師にとってテンションの下がる、できればやりたくないことの一つだろう。しかし、なぜそれほど保護者会に対してモチベーションが上がらないのだろうか。よほどのことがない限り、保護者は「クレームを付けてやろう」なんて思って参加してはいない。それなのに、身構えて緊張してしまっているということが、子育てのパートナーシップを結べていないという何よりの証拠だ。

　保護者会は、クラスの保護者が一堂に会して、子育てのベクトルの向きを確認する、極めて重要な時間だ。ネガティブに捉えて、必要最小限の連絡をすればよいと思っていれば、ネガティブにしか働かない。保護者会ほど、「捉え方ひとつ」で教育的価値の変わるものもないのではないかと思う。まずはポジティブに捉えていきたい。

1年間の保護者会を見通す

　保護者会は、子育てのパートナーシップを強固にするための時間だ。連絡なら手紙で十分だ。あくまで目的は、学校で子どもと伴走している教師が、家庭で子どもと伴走している保護者と、その道のりやゴール、給水やペースなどを確認することだ。だからこそ、1年間を見通して計画することが大

切になる。各回の目的を考えてみたい。

【4月】 所信表明と自己紹介

　何よりまずは、所信表明だ。「自己紹介」とは明確に分けて考えることが大切だ。自分の信じている思いや決意、意気込みや抱負を意思表示する。ここをないがしろにする人が、あまりにも多い。4月の保護者会では、校長が経営方針を述べたり、諸連絡が多かったりすることもあり、自分が話せる時間は少ない。だからこそ、所信表明にかける時間はきちんと確保したい。学年保護者会で済まさず、学級懇談会の時間を設けたい。

　はっきり言う。保護者は、校長や学年主任の言葉以上に、担任であるあなたの言葉や声を聞きたくて参加している。稚拙でもたどたどしくてもいい。もしあなたが、若手と呼ばれる年齢であれば、保護者は4月のこの段階で、表面的な部分であなたを評価したりはしない。取り繕うのではなく、「腹の声」をしっかりと伝えよう。

【7月】 所信表明したことの経過と具体

　1学期末であれば、最も大切なことは所信表明したことに

ついての経過や、それに関わる子どもたちの超具体的な姿を嬉々として伝えたい。「あの話はどこにいったの？」なんて思われては決してならない。

　所信表明で伝えた方針やベクトルを修正してもよいのだが、「常に意識しています」という姿勢を示すことが大切だ。

【12月】所信表明したことの経過と具体

　2学期末も同様だ。4月からの一貫性が信頼につながるし、「『子育てのパートナー』として、私は学校でこのようにしています。ご家庭ではいかがですか？」と聞かなくても『聞く』ことになる。

行事の裏側

　行事については、とにかく結果より経過だ。当日の様子などは、保護者が一番知っている。我が子ばかり見ているのだから。保護者が知りえない裏エピソードにこそ、「聞けて良かった」という満足感を与えることができる。

【3月】所信表明したことの結果報告

　「またか！」と思うかもしれないが、1年間貫くのだ。自分の言ったことを大切にできる人は、約束を守れる人だ。「パートナー」になりえるかどうかという視点で見れば、極めて重要な要素だ。

　どんなにステキでカッコいい台詞を言ったところで、3か月後にすっかり忘れているような人は「パートナー」とは認められないだろう。最初に言ったことがステキであればあるほど空虚だ。不信にしかならない。

1年間の感謝

そして何より、3月は感謝だ。1年間同じベクトルで子どもに寄り添えたことを感謝する。

このように、各回の保護者会で伝えたいことがイメージできて1年間を見通せたら、やるべきことは1つ。逆算だ。3月の保護者会で、「至らない私の分まで、保護者の方が同じ思いで同じことを大切にしてくださったおかげで、こんなに素晴らしい3月を迎えることができました」と言える3月をイメージして、4月に話すべきことを考えよう。

全ては『聞く』ための布石

ここまで、保護者会で教師が「語る」べきことについて私の考えを述べた。なぜここまで意図的、そして年間を通して計画的に「語る」のか。全ては保護者の声を『聞く』ためだ。自分の大切にしていることと、保護者の大切にしたいことが乖離していると、『聞く』ことは難しい。相手は心を閉ざすか、対立する。

保護者会のように、一対一ではなく一対多数の場合、無理にその場で一対一の設定をするのではなく、保護者会後（直後だったり、後日だったり、何かあったときだったりする）の「一対一」で『聞く』ための布石なのだ。だからこそ、4月に所信表明したことを3月まで貫く。その一貫性が、保護者と「子育てのパートナーシップ」を結ぶ大きなベクトルになる。常にその意識を大切に、保護者会をポジティブに捉えていきたい。保護者一人ひとりと握手するような気持ちで。

「自分」を知ってもらおう！

『聞く』を引き出す自己紹介

　ここでは、4月の保護者会で自己紹介する際のポイントについてお伝えしたい。保護者会での自己紹介は、そもそも何のためにやるのだろうか。思考停止になってはいけない。「普通やるもんでしょ」という気持ちだけでやるのと、目的意識をもってやるのとではまるで違う。話す内容や準備も180度変わる。

　「安心できる先生だな」「面白そうな先生だな」「一生懸命な先生だな」など、好印象を与えたいと思うところだが、私は「もっと聞きたいな」と思ってもらえる自己紹介を提案する。そう、全ては『聞く』を引き出すためだ。

　では、あなたがどんな自己紹介をしたら、保護者は次に会ったとき、あなたに「聞きたくなる」だろうか。少し戦略的にいこう。

共通点を語る

　保護者一人ひとりのことを知らないし、相手は多数なのに、自分との共通点を語るなんて無理だと思うかもしれない。しかし、言い方は悪いが、「数撃ちゃ誰かに当たる作戦」を実行しよう。

一つひとつのエピソードは短くていい。なぜなら、知ってもらうことが目的ではないからだ。「同じだ！」と思ってもらえる人が一人でも多くなるように、自分のことを紹介するのだ。例えば…

○好きなミュージシャン
　　Mr.children、Backnumber、嵐、B'z、SEKAI NO OWARI、サザンオールスターズ、緑黄色社会、あいみょん
○趣味
　　料理、釣り、キャンプ、食べ歩き、旅行、筋トレ、アニメ、ドラマ、スポーツ応援
○子どもの頃
　　小学校では水泳とピアノを習い、中学・高校はバスケ部、大学では居酒屋と塾でバイト

これだけでも、結構な命中率だと思う。さらに、趣味のところでは、例えば料理の種類、よく行く旅行先、よく見るアニメ、今見ているドラマ、応援している野球チーム。勤務地が住まいに近ければ好きなラーメン屋などのローカルな話題を出し、勤務地が住まいから離れているなら、生まれてからこれまでの居住地を全て紹介する。

とにかく具体的に放つことで、「数撃ちゃ誰かに当たる作戦」が成立する。

こんなにたくさん言ったらしつこいと思うかもしれないが、そんなことはない。聞き手は、自分との共通点のみ覚えるものだ。そして、次に会ったとき、会話のきっかけを保護者から出してくれる。共通点があることは親近感になる。「パートナー」としての第一歩だ。

願いを語る

教師としての思い

　担任である以上、自己紹介ばかりには気合を入れていられない。当然ながら最も語るべきは、担任としての願いだ。「どんなクラスにしたいか」という担任としての決意だ。ただ、4月の保護者会は、学級開きをしてすぐにある。この段階で、具体的な学級経営方針を描けているとしたら、スペシャルティーチャーだ。続きを読まずに、このまま若手の先生にこの本をプレゼントしてあげてほしい。

　では、どうしたらよいか。抽象的でいい。イメージでもいい。自分が本気で思っている「教師としての思い」をきちんと語っていく。

　わざわざ教職課程を履修し、教育実習もクリアし、教員採用試験を突破したあなたが、子どもの前に立って感じたピュアな思いを、目をキラッキラに輝かせて語ろう。借り物の言葉じゃない。当たり前だが、AIになんかに導き出せはしない。これだけ教師の働き方がネガティブに報道されている中で、この仕事の素晴らしさを信じて子どもの前に立つあなたの腹の声には力がある。少なくとも「4月は」だ。

　2回目以降の保護者会では、抽象的だった「思い」の解像度を上げ、子どもたちの具体的な姿を価値付けて説明していく。4月に放ったぶっといベクトルを、3月に向けて洗練し

ていくイメージだ。

目次を立てたときにはここに例を挙げるつもりでいたが、やめた。そんなものあなたの腹の声にはならないからだ。

徹底的に『聞く』姿勢を開く

その上で一番大切なことは、「自分の『願い』を実現させるためには、保護者の方の声が必要だ」ということをきちんと声に出して伝えることだ。伝えているようで実は伝えていない。「何かあったらいつでもご連絡ください」程度の言葉で言った気になっている。甘い。そんなものは社交辞令的な決まり文句だとバレバレだ。繰り返しになるが(25ページ参照)、保護者が学校に意見や相談をするのは簡単ではない。そんな一言で保護者の声を『聞く』ことができるだなんて、考えない方がいい。

そしてこれに関しては、ぶっちゃけた話、電話や面談が殺到したらキャパ的に困ると思っている読者の方もいると思う。だったらなおのこと、積極的に言った方がいい。

「こんなことを相談したら迷惑だなんて思わず、どんなに小さなことでも、迷ったらご連絡ください」。

「全員の心に寄り添えるように努めていきますが、まだまだ行き届かないこともあるかと思います。また、私には言えないけれど、おうちでは話せることもあるかもしれません。私にとっては、よりお子さんに寄り添える材料になります。大変ありがたいことです」。

経験上、このように積極的に伝えていない先生ほど、逆に毎日のように電話で放課後に呼ばれているものだ。

社会を語る

社会が求めていること

　変化の激しい社会である。保護者の方が小学生だったとき
の学校の教え方、担任としてのあり方は大きく変わっている。
だからこそ、今の社会が求めていることについては、積極的
に保護者にも伝えていきたい。

　「上から目線と思われるんじゃないか」なんて身構える必
要はない。「教えてやろう」などというスタンスではなく、「今、
こういう社会になっているから、自分はこのようなことを大
切にしたい」のように、教師が自分事として話せばよい。意
外と多くの保護者は、「自分が受けてきた教育」が正解だと
思っている。だからこそ、教師自身も学び続けていることを
前提に、意識的に語れるとよい。

　ただし、話すためには教師自身に勉強が必要だ。保護者
の『聞く』を引き出したい話題でもあるので、質問にも答え
られるくらいでありたい。だから、2回目以降の保護者会で、
4月に放ったベクトルを洗練させる手立ての一つだと思えば
いい。トピックの例を以下に挙げる。

　・GIGA スクール構想
　・生成 AI の教育的活用
　・「個別最適な学び」と「協働的な学び」
　・自己調整学習

未来を語る
〜予測できない未来だからこそ〜

　社会を語ったからには、未来を描きたい。しかし、専門家ですら予測できない未来だ。2045年に迎えるといわれていた「シンギュラリティ」（AIやその他の技術の加速度的進化により、人工知能が人間の知性を超えてしまう局面）が、より早く訪れるともいわれている。では、どのように未来を語ろうか。

　人間がより人間らしく　あなたがよりあなたらしく。

　影響力のある著名人や芸能人が「学校には無理して行かなくていい」などと言い、多様な学び方にも注目が集まっている。だからこそ、はっきりと伝えたい。学校に通う意味を。
　　・友達との関わり
　　・一緒に遊ぶ時間
　　・相手の気持ちを想像する力
　　・一人ではできないことを友達とやり遂げること
　　・自分らしさを知り、大切にすること
　一人ではできないこと、画面上のやり取りでは感じられないことを大切にしていくことを伝えたい。

子どもを語る〜学習〜

学習面を伝える意義

　2回目以降の保護者会で、それまでの子どもたちの様子として学習面と生活面の振り返りをするはずだ。これも「そういうものだ」などという思考停止を回避して、「何のため」に伝えるのかを考えて臨もう。

　あくまで目的は、「子育てのパートナーシップ」を強固にすることだ。

学習面の伝えるべきこと

　では、何を伝えるべきか。それは、すでに伝えていて、保護者にも意識してもらったり協力してもらったりしたことについて、担任として現状をどのように捉えているかをフィードバックすることだ。その上で、より意識を高くしていただきたい部分についての具体的なお願いをする。

　中には、全く意識されていない保護者も複数いるだろう。でも、だからこそ伝える。担任としては大事にしてきている部分だということを。「そういえば、そんなことを先生は言ってたな」と思い出していただければいいじゃないか。言い続けなければ、「どうですか？」とも聞けないのだから。

子どもを語る～生活～

生活面を伝える意義

　生活面も学習面と同様に、目的は「子育てのパートナーシップ」を強固にすることだ。ただし、ここで言う生活面とは、「学校生活」のことだ。だから、学習面以上に保護者の見えていない部分を伝えていくという意味がある。絶対にやめた方がいいのは、過去の保護者会便りに書いてあることをそのまま伝えることだ。保護者の目に子どもの姿が浮かぶようなことだけを話したい。

生活面の伝えるべきこと

　以下の２点を意識するとよい。
・学級集団としての成長
・個人差のある成長や課題
　生活面も学習面もそうだが、成長の度合いには個人差が大きい。だからこそ、集団としての伸びと個人としての伸びを区別する。集団としては、主に担任として手ごたえを感じていることについて、具体的なエピソードを交えて伝えたい。個人としての課題については、子どもの側に課題があるという伝え方ではなく、担任としての課題だと伝える。パートナーが本気だからこそ、「うちの子はどうですか？」と聞いてくれるようになるものだ。

起こりうるトラブルも語る

トラブルは悪か

「トラブルはない方がいい」…それは担任としても保護者としても正直な気持ちだろう。しかし、もし何のトラブルも経験せずに6年間を過ごしたとしたらどうだろう。めちゃめちゃ心配にならないだろうか。卒業後が。

私は、「適度なストレスは子どもの成長に不可欠だ」ということを、角度を変えて繰り返し伝える。例えば、仙台の伝統野菜「曲がりネギ」を例にして。

「曲がりネギ」の写真を提示して、「なぜ曲がっているか知っていますか？」と聞く。これは、曲がってしまったネギのように勘違いしている人もいるのだが、農家の方がわざわざ手間をかけて曲げているのだ。長ネギは、何もしなければまっすぐ上に伸びる性質がある。だから、成長途中のネギを一度抜き、わざわざ斜めに土に差し直すのだ。すると、そこから上に伸びようとするので曲がる。なぜそんなことをするのか。曲がるストレスによって、ネギが柔らかく甘くなるのだという。

人間も同じだ。適度なストレスがあるから、柔軟性や心の

強さを蓄える。もちろん、ストレスがかかりすぎてはいけない。途中で抜いたネギをコンクリートの上に放置すればたちまち枯れてしまう。だからこそ、「適度」であるかどうかを共有するためにも、「お子さんがお困りのときには教えてください」と伝えておく。「『適度』かどうかを一緒に考えさせてください」と、ここでも「子育てのパートナーシップ」を確認する。

起こりうるトラブルを伝えておく

　適度なストレスは子どもの成長に必要だということを前提に、私は必ず４月の保護者会で次のように話す。

　　トラブルは起こります。トラブルは少ない方がよいに決まっていますが、トラブルを０にすることがベストなのではなく、小さなトラブルを前に（できれば子どもが子ども自身の力で）どう解決していけるかを共に考えさせてください。

　　例えば、タブレットを使った学習の中で「友達につけられたコメントに嫌な思いをしている」とか、「家でタブレットで動画を見るようになって困る」というようなこともあると思います。

　　すると、「タブレットなんか使わせない方が良かったのに」とか「タブレットのせいでうちの子が外で遊ばなくなった」と考えたくなってしまうかもしれません。

　　そんなときこそ、「いつか自由に自分の端末を扱うようになったとき、被害者にも加害者にもならないように目の前で起こっていることで学ばせることができるチャン

ス だ」 と捉えていただけるとありがたいのです。

　トラブルをプラスのエネルギーに変えられるかどうか
は、関わる大人からの影響が大きく働きます。親として
困ったとき、お子さんが困っているときは、ぜひご連絡
ください。一緒に考えさせてください。

先に伝えていたからこそ

　このように、あらかじめ伝えておくことが極めて大切だ。
先に話していないのに、保護者からの相談を受けたときに、
「よくあることです」や「このような経験があってお子さん
が強くなります」なんて言ってしまった日には、「軽く受け
止められた」と「パートナーシップ」にひびが入る。

　しかし、事前に伝えておけば、保護者も相談しやすくなる。
「先生が言っていたように、チャットみたいなやり取りをし
ているようなので、一応お耳に入れておこうと思いました」
というように教えてくれる。そしてこちらも、「ありがとう
ございます。こういうことは担任の見えないところで起こる
ので、大変助かります。これが、プラスに変えていくきっか
けになります」と言える。

　これこそまさに、「子育てのパートナー」である。後から
言うのは苦しい。どんなに最初から思っていたとしても、言
い訳じみてしまう。教師の側も「あの親は過保護だ」なんて
レッテルを貼る。そうなったら、パートナーシップを自ら放
棄しているようなものだ。何を『聞く』ことができるか、そ
のために何を語るかによって、180度違う結果になる。

第3章

自ら『聞く』

『聞く』か『聞かれる』かが明暗

『聞く』姿勢はスピードに表れる

　学校で子ども同士のトラブルがあったときなど、保護者に報告すべきときには、2つのパターンがある。

① 保護者が学校に電話してくるより「先に」、学校から連絡を入れる。
② 保護者からの連絡を受けた「後に」報告する。

　これは教師が思っている以上に、大きな大きな差である。

① 「先に」教師から連絡できた場合
　　「おうちではどんな様子ですか？」と『聞く』ことができる。聞けるということは、あくまで保護者の感情に寄り添った対応ができるということだ。
② 保護者からの連絡を受けた「後に」報告する場合
　　基本的には「先生はどうお考えなんですか？」と『聞かれる』対応になる。

　『聞く』か『聞かれる』か、立場が180度変わる。『聞かれる』より『聞く』立場でいる方が、圧倒的に気持ちに余裕がもてる。

第3章 ┃ 自ら『聞く』

保護者目線で考える

　保護者の気持ちになって考えてみよう。子どもが何か不満を抱えて帰宅したとする。親子でこんな会話が繰り広げられることが想像できる。

　親「どうしたの？　何かあったの？」
　子「●●に殴られた」
　親「どうして？」
　子「バカとか死ねとか言われて、最初は我慢してたんだけど、しつこいからウザって言い返したらいきなり殴ってきた」
　親「えっ、どこ？　痛かった？　赤くなってるじゃない」
　子「保健室に行った」
　親「担任の先生は知ってるの？」
　子「うん。殴られたときに先生が来た」
　親「解決したの？」
　子「謝られたけど、全然心がこもってなかった」
　親「まだ許せないんだね…」
　子「マジいやだ。明日学校に行きたくない」
　親「…」

　ここで多くの場合、保護者は教師からの連絡を待つ。本当なら今すぐ電話して、何があったのか、相手はどう思っているのか、日常的に嫌な思いをしていないかを詳しく聞き出したい。それが親心だ。
　しかし、ここで「今すぐ先生に電話する！」とはならない

45

ことの方が多い。

　なぜなら、この件を「先生は知っているの？」と保護者は我が子に確認しているからだ。このことは、かなりの確率で聞いていると思う。先生が知っているか知らないか、保護者にとってはその後の動きを左右する重要な要素だからだ。

　この場合、先生は知っているので、「きっと先生から連絡が来るはずだ」と期待している。だから、自分から連絡するのはやめようと判断する。繰り返しになるが、保護者が学校に電話するのは、簡単なことではない。さまざまなハードルを越えて、勇気をもって電話してくる。子どもが「電話なんてしないで」とブレーキをかけることだって、たくさんある。保護者から連絡をするのは、よほどのことなのだ。そういう意識をもっていれば、躊躇なく「先手」を打てるようになるだろう。

　待っても待っても学校から連絡がこない。「モンスターペアレントと思われたらどうしよう」「過保護かなあ」などという不安を抱えながらも、しびれを切らしてついに学校に電話するのだ。

　「今かけようと思っていました」なんて言い訳が（事実だとしても）通用しないのは、お分かりいただけるだろう。そのくらい、タイミングは大切なのだ。

『聞く』立場であるために

　とはいえ、下校後に保護者が家にいない場合もある。だから、保護者の帰る時間を予測して、その頃に電話しようと考える場合もあるだろう。相手への配慮だ。結論から言おう。

その配慮は裏目に出ることの方が多い。

　忙しければ、保護者は電話に出ない。ただそれだけのことだ。ただし、この「着信」が残っているかいないかが極めて重要だ。保護者から「先に」電話が来てしまった場合、あなたが「自分からかけようとしていた証拠」などどこにも残っていない。だから、保護者と話したい意思があったということを「着信」という形に残すのだ。

　もし、仕事をしているだろう相手への配慮をしたいなら、コール回数を減らすことだ。緊急性のない場合、5回のコールで電話を切る。緊急性がある場合や仕事を中断してでも取ってほしい場合は、コールを長くしたり、繰り返しかけたりする。そのように使い分けることが「配慮」になる。

　さらに、先の会話例のように、やられてしまった児童が不満を抱えているままで下校させてしまうことが分かっている場合は、「超先手」を打つ。この子が学校を出て、家に着く前に保護者に電話するのだ。すると保護者は、「先生から聞いたよ。大変だったね」とカウンセリングマインドで我が子に寄り添うことができる。

　保護者対応の基本は、「先に『聞く』こと」である。そのスピードには、「お子さんを心配しています」という教師の使命感と責任感が見えるのだから。

迷ったら『聞く』

学級崩壊でもクレームゼロ

　クラスが落ち着かずに、いわゆる「学級崩壊」と呼ばれる状態になると、保護者とは「子育てのパートナー」になどなれないと思われがちである。しかし、決してそんなことはない。クラスが荒れているのに、保護者が担任を批判するようなクレームが全くないことが稀にある。担任の力量不足が引き起こした学級崩壊だとしてもだ。

　なぜか。それは担任がどこまでも誠実であったからだ。では、「誠実さ」とはどんなところに表れるか。「報告」である。真摯に「報告」を欠かさず、自分を守ろうとせず、保護者と「誠実」に向き合った一人の後輩から、私は多くのことを学んだ。

　学級崩壊しているのだから、ケンカやトラブルは頻繁に起こる。この先生は、私だったら面倒で報告しないようなことも、丁寧に丁寧に毎日保護者に伝えていた。

　力不足だからクレームを受けるわけじゃない。

　力不足だからパートナーシップを結べないわけじゃない。

　むしろ、力不足だからこそ、「子育てのパートナー」が必要なのだ。

　誠実であれ。———私はその先生から学んだ。

迷ったらかける

　「こんな小さなことで電話してもいいのかな」と迷う気持ちも分かる。しかし、迷っている暇があったら、受話器を取るといい。先輩に相談するのもいいだろう。しかし、注意が必要だ。その先輩の先生には不要な連絡でも、「あなたはした方がいい連絡」というものがあるからだ。決して傲慢になってはいけないが、経験を積むと保護者との関係性や家庭環境、起こった事象をさまざまな角度で見られることから、連絡すべきかどうかの判断の精度が上がる。だが、あくまでも「自分なら」という判断だ。「あなたならした方がいいよ」と言ってくれるとは限らない。むしろ、見えないことも多い。

　だったら一人で迷わないで、当事者の保護者に『聞く』のだ。おうちの様子はどうかと。

メリットとデメリット

　ここまで読んでいただければ、自ら『聞く』ことのメリットの大きさを十分に理解してもらえたことだろう。

　気になるのは、デメリットの方だ。考えられることとすれば、「その程度のことで電話しないでください」と言われてしまうことだろうか。言われたら言われたでいいじゃないか。あなたの学級経営にマイナスに働くことなどない。「次からは（同程度のことで）電話しなくていいんだな」と教えてもらえた。むしろラッキーだ。

学級通信で『聞く』

双方向の学級通信

　そもそも、学級通信は担任のマストの業務ではないので、「学級通信を出すべきだ」ということが言いたいわけではない。しかし、もしせっかく出すのであれば、双方向の通信を目指してはどうだろう。Google フォームなどで、保護者の声を随時受け付ければよい。その QR コードを通信の固定位置に貼り付ける。

　毎号、新たに何かをする作業は必要なく、1 年間同じフォームでよい。保護者も、気になったときだけスマホから気軽に感想を投稿できる。

　互いに気軽に進められるので、私は気に入っている。

保護者の声を通信に生かす

　フォームの項目に「学級通信で紹介してよいか」を入れて確認すれば、そのまま紹介することができる。それを前提として、無記名でもペンネームでもよいことで楽しみが増す。私の場合、学級通信は必ず子どもに読み聞かせるので、子どもが「もしかしたら私のお母さんかもしれない」などと予想する楽しさもある。

　さらに、子どもからも「そろそろお父さんも送ってよ」なんて言ってもらえると最高だ。

令和5年度5年1組学級通信

小さな物語

6月23日 第12号

伝えるということ

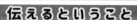

　総合的な学習の時間「Japan"再発見"」。一人一人課題を決め、追究し、まとめたことを発表しました。

　この単元は、国語「きいて きいて きいてみよう」でのインタビューから始まり、外国語での自己紹介、運動会（体育）でのソーラン節へとつながっていく、いくつもの教科が合わさった学習です。ソーラン節での日本らしい表現発表がゴールですので、まだまだ追究は続いていますが、皆さんのすばらしいプレゼンテーションをぜひお家の方にも見ていただきたいと思ったので…ジャン！「動く小さな物語」。ぜひ見てもらってくださいね。

　発表をするときに大切にすべきことは、ズバリ2つあります。「相手意識」と「目的意識」です。誰に対して発表するのか。（つまり、その相手に分かってもらえる伝え方や言葉づかいをどうすべきか。）そして、その発表を聞いている人にどのような気持ちになってほしいのか。（国語の物語で言えば「作品の心」、説明文で言えば「要旨」）そうです。全ての学びはつながっているのです。

　そういう意味で、まず〇〇さんの発表には感動しました。発表原稿を用意していませんでした。これは話す内容を暗記したというのとは違います。話したいことが自分の中でははっきりしているので、スライド画面を見ながら、自由に説明できるのです。丸暗記したわけではないので、一瞬言葉に詰まっても慌てずに、落ち着いてその場で考えて話せていました。相手の目を見て、反応を見て、話し方を変え、願いをもって伝えていました。感動でした。

　さらに、〇〇さん、〇〇さん、〇〇さん、〇〇さん、〇〇さんは、事前に何度も私のところに来て、内容の確認や練習をしていました。本番で困らないよう、自分で安心してできるまで確認をするというのはとても大切なことです。今目の前にある学びの中で、自分がどうすべきかを考え、少し面倒だけどこうした方がよさそうだと踏み出す、「Sゾーン」への一歩は、そのときうまくいったかということ以上に、あなたの人生を間違いなく豊かにしています。そして、全員の聞く態度や、励ましや、応援、評価コメント…本当にステキだなぁ。

発表をご覧いただいた
ご感想などを
ぜひお聞かせください。

双方向の学級通信については、渡辺道治氏の実践が大変勉強になる。「BBQ型学級経営」東洋館出版社（2022/2/25）でその実践を詳細に学ぶことができるので、読むことをおすすめする。

『聞く』ことを続ける

このような実践を始めると、「何通届いたかな」なんてワクワクしてしまうものだが、学年が上がるほど難しくなる。むしろ、学級通信が保護者の手に渡っているかさえも怪しい。

だからこそ、届いても届かなくても「続ける」というマインドセットが大切だ。「こんなに届かないならやめてしまおう」と思いたくもなるが、「いつか誰かが一言送ってくれるその日までポストを開いておこう」という姿勢でいよう。

「あなたの声が聞きたい」「あなたの声が必要」「あなたの声にありがとう」という気持ちを見える化した形が、QRコードでもある。『聞く』を形にする姿勢を大切にしたい。

第3章 ｜ 自ら『聞く』

保護者会前後に 『聞く』

保護者会中に聞かない？

目次を見て、保護者会の「中」で聞くのではなくて、なぜ「前」と「後」なのかと疑問に思われたかもしれない。実際に私が初任のとき、初めての保護者会で一方的に話して保護者会を閉じた後、ある保護者の方が私のところに来て教えてくれた。

「生井先生、ダメですよ。親はね、何を話そうか考えてきてるの。一人一言話させるものよ」

「そうか、そういうものか」と思い、次のときから保護者全員に話を振るようにした。

異動して、同じように保護者に話してもらう時間を設定して保護者会をしたところ、すこぶる評判が悪かった。面と向かっては言わないが、リアクションで伝わってくる。

この違いは何か。2校目は1校目に比べて保護者同士の関係性が希薄だったことが主な理由だろう。1校目は、全学年単学級の小規模校であり、運河を挟んだ埋め立て地にあった。保育園、幼稚園のときから保護者同士が協力し合い、助け合い、仲睦まじく子どもを育ててきている。2校目は、再開発が進む駅前のマンションに囲まれた学校である。学年3クラスあり、幼稚園も保育園も実に多様なだけでなく、もともとそこに住んでいなかったが、マンションを購入して引っ越してきた方も多くいた。保護者同士の関わりが少ない地域だっ

53

た。

　以来、私は基本的に保護者会で「一人一言」話してもらうことをやめた。保護者が安心できない保護者会にしたくなかったからだ。その代わり、前後に『聞く』努力をしている。

保護者会の前に『聞く』

　2回目以降の保護者会の前に、保護者会で「話題にしてほしいこと」を事前に聞いておくのだ。例えば「お小遣いの金額」「宿題をやる時間」「ゲームや動画の約束」「家事分担」などのトピックから、事前にアンケートを取る。そして、保護者会当日にアンケート結果を見せて、「今日は皆さんと『ゲームや動画の約束』について考えたいと思います」のように話題を確定する。

　さらに、事前に作っておいた「ゲームや動画の約束」についてのアンケートフォーム（例「約束がある Yes/No」「一日の上限は○分」「○時以降はダメ」など）を QR コードで提示し、その場で答えてもらう。結果を随時画面に映しながら担任が解説し、見解を述べていくのだ。

保護者会の後に『聞く』

　保護者会の後にも、感想や次回話題にしてほしいことなどをフォームで聞けるとよい。それをさらに学級通信などでシェアしていく。

　保護者会は「一人一言」を強制しなくても、「子育てのパートナー」としての保護者参加型で進めることができる。

行事の前後に『聞く』

行事の前に『聞く』

　行事の指導を私が主になって行う場合には、「運動会通信」のように臨時の学年便りを発行することが多い。それに練習の様子を写真や動画のQRコードで添付すると、「動く学年便り」の完成だ。

　そして『聞く』。「子どもたちへの応援メッセージをお願いします」と。

　寄せられたメッセージをまた、学年便りに載せる。すると、保護者と協力して子どもの行事の成功を応援していくサイクルを生み出すことができる。行事は、本番当日の結果ばかりに目が行きがちだ。しかし、経過にこそドラマがある。経過を知っているからこそ、本番の見方が変わる。行事は決して、「教師が子どもを道具にして保護者を楽しませるサービス」にしてはならない。教師と保護者が力を合わせ、子どもの成長に寄り添う機会にしたい。

第5・6学年　運動会通信　　　　　　　　　　　　　　　令和6年5月17日
　　　　　　　　　　　　　　　　　　　　　　　　　　あと13日

どっこいしょ
～自分の意志で動く～

　5・6年生合同で重ねてきた運動会の練習。6年生は、移動教室という大切な行事をはさみながら、運動会の本番もいよいよ近付いてきました。
　今週は、「何となく踊る」段階から、「カッコよく踊る」段階へと進むことができました。さらに今日は、「そろえるところ」と「わざとずらすところ」を練習しました。前の人と違う動きをすることは、とても高度です。誰かの動きを見て真似しようとすれば、間違えてしまうのですから。
　しかし、考えてみましょう。自分の前にすごく上手な友達がいて、その友達の動きを安心して真似できるとします。さて、見ている人はそんなあなたの姿に感動するでしょうか。人の動きを見て動こうとすると、ほんの少しだけ全ての動きが遅れてしまいます。ほんの少しと思うかもしれませんが、この少しのずれがあるのとないのとでは、大きな差が生まれます。
　それは、動きがずれてるとか、ずれていないといった理由だけではないのです。誰かを頼る気持ちで踊っているか、自分の意志で踊っているかが伝わるからです。分かりやすく言えば、あなたの本気度がそこに表れるからです。心を打つのは、いつでも「心」なのです。
　来週は、校庭で練習をします。そこで、もう1つ、あなたが「自分の意志」を強くもてるように、先生たちがこだわっていることがあります。それは、目印の杭や線を校庭に1本も付けないことです。目印があった方が、素早く美しく並べるかもしれません。しかし、「目印に合わせよう」と思うよりも、周りの友達をよく見て「仲間とそろえよう」という方があなたの心は強く働きます。強い意志がないとそろわないからです。あえて難しいことに挑戦することで、ソーラン節という仲間との表現への意志を強くしていることに、誇りと自信をもって来週も練習を重ねていきましょう。

表現運動ゴールへのステップ

4段目「表現する」
3段目「声を出して踊る」
2段目「かっこよく踊る」
1段目「何となく踊る」

～保護者の皆様へ～

　このお便りを通して、練習の様子をお便りで数回お伝えできるようにします。練習の写真や動画を撮影できたときは、右のQRコードから見られるように追加していくので、ぜひご覧ください。
　また、保護者の皆様からの応援メッセージもそちらに書き込めるようになっています。匿名やペンネームでも構いませんので、大募集中です。

面談前に『聞く』

事前に『聞く』大切さ

　個別面談のポイントについては第5章で詳しく述べるが、自ら『聞く』という点では、保護者会も個別面談も同じである。教師が面談を警戒し、面談期間が近づくと憂鬱になるのは、「相手の求めていること」が見えないからではないだろうか。

　例えば朝出勤したら、前日の夕方に貼られたであろう付箋メモが自分の机上にあったとする。それに「〇〇さんより電話がありました。連絡がほしいそうです」と書いてあるのと、「〇〇さんより電話がありました。…の件について、相談があるそうです。電話してあげてください」と書いてあるのとでは、これからかける電話についてのモチベーションがまるで違う。前者のメモなら、「一体何の件だろう」と少なからず警戒する。一方、後者のメモなら、たとえネガティブな内容だとしても、電話をする前にある程度準備して臨むことができる。

　面談も同じだ。保護者の気になっていることを事前に把握していれば、学校での様子を具体的に伝えることができるし、場合によっては助言する準備もできる。希望調査票の下に「話したいこと」の欄を設けたり、事前調査フォームを作ったりすることで、容易に『聞く』ことができる。

対応後に『聞く』

対応前に頑張る教師

　初期対応に失敗すると、小さかったはずのトラブルも大きな問題になる。当該保護者と担任、場合によっては管理職も含めて面談をすることになるケースも少なくない。

　そのようなとき、面談の前に頑張るのが学校側である。どちらかの保護者がお怒りであるようなときは特にだ。どのように話し合いを進めていくべきか、作戦会議をする。事実確認した内容を整理して、時系列の資料を作成する。誰が何を話すかの分担をして臨む。

　途中、話し合いが平行線をたどったり、保護者の怒りが沸点に達してしまったりすると、何とかその場を収めようと必死になる。そして、ようやく今後の対応についての話にたどり着く。

　何とか双方の納得感が得られ、笑みまで出るようになると、面談の場を閉じられるようになる。

　そして、教師は胸を撫でおろす。「良かったね」と。しかし、この「良かったね」は、一体何が良かったのだろうか。「保護者の怒りが収まって良かったね」なのか、「納得してもらえて良かったね」なのか、ただ単に「終わって良かったね」なのか。

　その「良かったね」のど真ん中に、子どもはいるのだろうか。

対応後を大切にする保護者

　当たり前だが、どんなに紛糾した面談だとしても、保護者の心のど真ん中には我が子がいる。面談がそれなりに円満に終えられたとしたら、保護者の意識は「ようやくスタートラインに立てた」と感じているというのが本音だろう。保護者が「良かったね」の判断をするのは、まだまだ先だということだ。ここで、保護者と学校の問題意識が乖離してしまうのは危険だ。

対応後に『聞く』

　だからこそ大切なのは、対応をした「後」なのだ。ここで自ら『聞く』姿勢を示せるかどうかが大きな分かれ道だ。

　私も主幹教諭としての立場で、他の先生の保護者面談の場に同席したことが何度かある。終わった後、当該の担任に必ずお願いする。

　「被害の児童へは、毎日必ず下校前に『今日は嫌なことな

く楽しく過ごせた？』と聞いてください」

「その保護者へは、週に２回『その後の様子はいかがですか』と電話をしてください」と。

面倒くさいと思うだろうが、スタートラインに立った保護者にしてみれば、教師が伴走しているという実感こそが信頼に値する。そして、２週間もすれば保護者の方から言ってくる。「先生、うちの子はもう大丈夫です。忙しいのに、気にかけてくださって本当にありがとうございます」。

ここで初めて、「良かったね」を迎えるのだ。

コラム

子どものケンカ仲裁必勝法
～褒めるために『聞く』～

　子どもがケンカをしたとき、9割は以下の方法で5分以内に解決することができる。

【生井】目撃したわけじゃないからどちらが悪いか決められないけど、相手が全部悪くて自分は1つも悪くないと思う？

【子ども AB】（首を横に振る）

【生井】自分にも悪いところがあると思ってるんだね。二人ともこんなに怒ってるのに、そう思えるのはすごい。じゃあ、A さんから自分が良くなかったところを謝ろうか。

【子ども A】…してごめんね。

【子ども B】いいよ。僕も…してごめんね。

【子ども A】いいよ。

【生井】まだモヤモヤしていることはある？

　これだけだ。謝れそうな方から先に言わせるのもポイントだが、謝れるとカッコいいと思わせればいいのだ。ケガが伴う場合は家庭への連絡が必要だが、子どもが保護者に褒められるように話す。「今日ケンカをしてしまったんですけど、自分の良くなかったところを素直に謝れたんです。褒めてあげてください」と。

第4章

個別の対応で『聞く』

「困った親」ではなく
「困っている親」

困った親？

　保護者対応で最も大切なマインドセットは、「困った親などいない」ということだ。19年間の教師生活で、私は数多くの保護者と関わってきた。「先輩」と呼ばれるようになってからは、学年主任、生徒指導主任などの立場でさらに多くの保護者と関わった。

　その中での私なりの結論は、「教師に余裕がないと『困った親』は増えていく」ということだ。なぜなら、「困った」の主語は教師自身だからだ。保護者の態度や主張に、まさに教師が困っているのだ。しかし、教師に余裕があるときはどうだろうか。自分がその保護者のせいで困らされているとは、あまり感じない。子どもをど真ん中に据えたとき、どんなに理不尽な要求をされたとしても、子どものために何とかしてあげたいと思えるものだ。安易に要求を飲むということではない。一番いい方法を一緒に考えていきたいと思えるのだ。

　つまり、この保護者は「困っているんだな」と思えるようになる。そう、「困った親」なんていない。「困っている親」なのだ。

　私がかつて、自分の力量不足がゆえに心で「困った親」というレッテルを貼ってしまった方も、「あぁ、困っていたんだなあ」と今ならよく分かる。保護者を「困った親」と捉え

64

てしまった時点で、「パートナーシップ」は決裂だ。「困って
いる」からこそ、協力関係をより強固にしていく必要がある。

「困った」の背景にあるもの

　子育てには正解がない。育児書や意識高い系の雑誌に「こ
うするといいよ」と書かれていたことをそのままやったから
といって、うまくいくとは限らない。抱えている問題や一人
ひとりの伸びしろ、それに合うアプローチの仕方は、まさに
ケースバイケースだ。

　一生懸命に育ててきた我が子が、ある日突然「学校に行き
たくない」と言い出すとする。「今までは全くそんなこと言
わなかったのに…」と思いをめぐらせたとき、変わったこと
といえば、そう担任だ。きっと担任の先生が合わないのだと
捉えてしまう気持ちも、担任である自分からしてもよく分か
る。実際には、何か問題を抱えたときの原因は複雑に絡み合っ
ていることがほとんどだが、保護者としては原因を究明した
いのだ。誤解を恐れずに言えば、自分（の子育て）以外の何
かのせいにすれば、やっと前を向けるという保護者だってい
るのだ。

　教師だってそうだ。自分の指導力のなさを棚に上げて、「あ
の家は…」「あの子はグレーだから…」などと、その家庭や
その子の中に、自分の指導のうまくいかなさの原因を押し付
けがちではないか。人間とはそういう弱い生き物だからこそ、
困っているときにはパートナーが必要なのだ。

　『聞く』ことで「困り感」を引き出せる教師でありたい。

怒っている保護者から『聞く』

怒りのボルテージは必ず下がる

　かつて、都道府県教育委員会で主に保護者からのクレーム対応を仕事としていた方より、研修を受けたことがある。実にさまざまな保護者がいて、受話器をとったそばから怒鳴り散らす方もいたそうだ。しかし、相手の話を決して否定せず、ひたすら傾聴していくと、怒りの度合いに関わらず、フッとボルテージが急に下がるタイミングが必ずくるという。そこからが話し合いのスタートだと教わった。その方は「長くて30分」で怒りのボルテージは下がると言っていた。30分間も怒りを浴びるのかと思うと恐ろしくもあるが、逆に、どんなに怒っていても30分で落ち着くと考えることにしよう。

ボルテージが下がるまで

　では、怒りのボルテージが下がるまでの30分をどうしたらよいか。いや、できることならこの30分を1分でも短くする方法だ。

① 相手に主導権を委ねる

　感情的になりやすい人は、「物事をコントロールしているのは、他者や運など自分以外のものである」と捉えている傾向がある。心理学でいう「外的コントロール型」だ。この「外

的コントロール型」の方は、日常
的にコントロール感が得られない
ため、自分に少ししかないコント
ロール感が奪われると、それを取
り戻そうとして「怒る」のだそうだ。
だから、この人が正常に感情をコ

ントロールできるようになるためにも、主導権を握ってもら
うことが大切だ。

② 話を遮らない

　怒りを全面に出している方は、
不満に思っていることを全て話し
てしまいたいという欲求がある。
話し終えるまで邪魔をせず、思い
を聞くことに専念していく。

③ 疑わない

　信じられない内容だとしても、「本
当ですか？」と聞き返したり、内容
を否定したりしてはいけない。疑わ
れたという印象は、火に油を注ぐこ
とになってしまう。

　こうして、相手のボルテージが下がったところで、やっと
建設的な話がスタートできる。むしろ相手は、「聞いてもらっ
た」ことで満足することさえある。戦うのではなく、『聞く』
ことを大切にしていきたい。

心理的事実と客観的事実を
区別する

情報の中で得られる2つの事実

　あなたが保護者から何かしらの訴えを受けた場合、そこから得られる情報には、2種類の事実があることを知っているだろうか。それが心理的事実と客観的事実だ。

　生徒指導で「簡単に保護者に謝罪してはいけない。裁判で不利になるから」というような話を聞いたことがある人もいるだろう。実に雑な話だと思う。教師が保護者に謝罪すべきではないなんて決めていたら、誠実な対応なんて不可能だ。「誠実」でいられるかどうかの鍵は、この2種類の事実を区別することにある。

　事例（保護者からの訴え）から

　　娘（A）が泣きながら帰ってきた。事情を聞くと、今日の中休みに、BさんとCさんとDさんが鬼ごっこを始めたから、「入れて」と言ったら「ダメ」と言われたという。仕方なく諦めたが、しばらくしたら後から来たEさんとFさんが鬼ごっこに入れてもらえていた。下校をする前に、担任の先生に「仲間外れにされている」と相談したが、「今日はきっとたまたまだよ。考えすぎない方がいいよ」と言われた。

でも実は、昨年度からＢさんとの関係性で悩んでいて、親としては「またかあの子か」といった気持ちで、いじめに発展しないか心配している。
　娘は明日学校に行きたくないと言っているので、休ませたいと思う。

　突然放課後にかかってきた電話から、最初に得られた情報が四角枠内のことだとする。
　心理的事実とは、その人（娘）が心で感じた事実のことだ。では、この中で「心理的事実」のみ抽出するとどうなるか、一度自分で考えて、続きを読んでほしい。

　　・泣きながら帰るほど、娘は悲しい思いをしていた。
　　・娘は「仲間外れにされた」と思っている。
　　・娘は明日学校に行きたくない気持ちになっている。

　これが娘さんの抱いた心理的事実だ。次に客観的事実だ。客観的事実とは、実際に起こった、または起っていることで、誰の目から見ても事実である事柄だ。先ほどの事例の中で、客観的事実を抽出するとどうなるか。

　……今のところないのだ。誰の目から見ても事実かどうかは、保護者からの一本の電話だけで判断できるものではない。区別した上で、対応の仕方が変わってくる。

『聞く』の先にある対応

心理的事実を受容する

　前のページで、「謝罪すべきではない」は本当かということについて、疑問を呈した。結論を言うと、まだ明らかになっていない客観的事実については、謝罪すべきではない。だからこそ、心理的事実については、担任として真摯に寄り添い、積極的に謝罪すべきだ。

　私はどんな些細なことでも、その子が悲しい思い、寂しい思い、不安な思いを抱えているという情報を得たときには、心から謝罪している。「心から」というのは、本音でそう思っているという意味だ。

　「担任として私がついていながら、悲しい思いをさせたまま下校させてしまい申し訳ありません」。

　「きっと辛かったですね。私の指導が行き届かずに、そのような思いをさせてしまい申し訳ありません」。

　「お母様お父様にも、学校生活のことで大変心配をさせてしまい申し訳ありません」。

　これが「心理的事実」に寄り添い、謝罪するということだ。客観的事実かどうかについては、この場では言及しない。まず、大切な自分のクラスの子が、悲しい思いをしているということ。それだけで、謝罪をするには十分な理由ではないか。

第4章 | 個別の対応で『聞く』

事例で考える

　前ページの事例でいえば、まず担任としての対応で挙げられた「今日はきっとたまたまだよ。考えすぎない方がいいよ」というのが、客観的事実とかけ離れているとする。だから、一通り話を聞いた後には、まずそこを否定したくなるのが正直な心情だ。しかし、そんなことをしてはいけない。私なら、むしろそこには触れない。保護者の訴えの主訴が担任不信なのであれば弁明の必要もあるが、この事例の場合は違う。保護者の心配は、娘がいじめられているのではないかということと、学校に行きたくないと言っていることについての不安だ。そう、<u>困っている</u>のだ。いつもどんなときも、子どもをど真ん中にして対応する。

　その上での私からの第一声はやはり、

　「悲しい思いをしたまま下校させることになってしまい申し訳ありません。○○さんが、学校に行きたくないと言っていると聞き、私も今本当に苦しいです」

　となるだろう。

客観的事実をどうするか

　では、客観的事実について、その電話ではどのように触れたらよいか。いや、その場では触れようがない。

　「○○さんが安心して学校に通えるように、明日、他の子に事実関係を確認させてください。その上で、またご連絡させてください」と伝える。客観的事実に踏み込めないからこそ、心理的事実に誠実に寄り添うことが大切だ。

71

電話連絡は準備が9割

　相手から電話がかかってきたときの対応について、前ページまで述べてきた。ここでは、こちらから保護者に電話をかけるときのポイントを紹介していく。まず、こちらから電話をかけられるという優位性を生かすべきだ。つまり、準備ができるということだ。

　では、こちらから保護者に連絡することを必要とするケースとはどのような場合か。以下に挙げてみる。

　○ ケガや体調不良があった。
　○ 友達とトラブルがあった。
　○ 提出物が回収できていない。

　主にはこのような、保護者にとってネガティブな内容だと思う。伝えづらいことも多いし、保護者にしても聞きたくない内容だ。だからこそ、しっかりと準備したい。

話す段取りを準備する

　友達とのトラブルを学校で指導したことについて家庭に報告する場合、次のような段取りで話すことが多いだろう。
　① 今日、こんなことが学校でありました。〈事実の報告〉
　② 周りにいた子の話や、双方の言い分を聞いて確認できた

事実はこうでした。(事実確認の報告)

　③ 担任からはこのように指導しました。〈指導の報告〉

　さて、この次だ。これで終わってしまっては「だから何？」という状況だ。よく模範解答のように言われるのが、

　④ ご家庭でも話していただけますか？

　という決まり文句だ。しかし、私はあまり使わない。「何を話し合うのか？」ということが全く伝わらないからだ。いや、むしろ話し合ってほしくて電話することは少ない。学校であったトラブルを学校で解決し、その報告をしているのだから。では、こんな電話必要ないじゃないかと思うかもしれないが、それも違う。「子育てのパートナー」だからだ。私なら次のいずれかだ。

　○ 学校で解決していますし、本人も反省していたので、ご家庭でもう一度掘り返していただかなくて大丈夫です。ただ、相手の保護者の方とお会いになったときに、何も知らないというのも関係を悪くするかもしれないので、一応お伝えしました。

　○ ○○さんは、自分の良くなかったところを自分から話せて立派でした。素直に謝れたので解決しています。やってしまったことはすでに反省しているので、正直に言えたことをおうちで褒めてあげてください。

　このように伝えると、保護者はネガティブな気持ちを抱えたまま子どもに話さずに済む。保護者がネガティブに関わらないから、子どもも素直に親と話すことができる。

逆に「おうちでも話し合ってください」なんて家庭に投げるから、学校で話していないことを突然家で話し始め、こじれたり、「先生に言わされた」なんてことになったりするのだと思う。

　また、はじめに「今日はもうお子さんに会いましたか？」と確認し、「いつもと様子は違いませんでしたか？」と聞くこともよくする。

　「特に変わりません。元気に遊びに行きましたよ」ということであれば、「良かった、安心しました。実は…」と伝え始めることができる。

　「なんだか暗かったので何かあったか聞いてみたら、○○さんとのことを話しました」とくれば「どんな話でしたか？」と聞き出し、その子がどのように捉え、どのように保護者に伝えているのかが分かる。もしその子が、事実通りのことを保護者に伝えていたなら、「自分の都合のいいように話すのではなくて、自分のことを冷静に振り返って、事実を伝えられるなんてすごいことです。落ち込んでいたのは、反省の表れだったのですね」と褒めることができる。

　一方、すでに子どもが自分の都合のいい部分だけを保護者に伝えて、事実を捻じ曲げていることが分かれば、それはそれで丁寧に先ほどの①②③の順に説明できる。

　『聞く』ことから始めるからこそ、こちらの攻め方も変わる。キャッチャーが構えたところに真っすぐにボールを投げ

ればよい。

　逆に、こちらが一方的に話してから、「うちの子は違うことを言っています」と言われてしまうと難しい。こちらも一気に頭が真っ白になってしまうかもしれない。そういうことも含めて、準備が9割なのだ。

日常から電話をポジティブに使う

　トラブルの報告だけでなく、日常的にこちらから電話するハードルを下げることも大切なポイントだ。わざわざ褒めるためだけに電話をかけるのはやめた方がよいのかもしれないが、ちょっとした連絡で電話を使うか迷う場面はある。明日子どもに言えばよいか、連絡帳に書けばよいか迷う。そんなときには、電話してみるとよい。そのついでのようにさりげなく、「最近は漢字の練習を自分からすごく頑張っているんですよ」「自分から元気な挨拶をしてくれて、クラスのお手本です」などと、その子の良さを積極的に伝えていくとよい。きちんと考えて準備してから、電話をかけるのだ。その上で保護者にも『聞く』。「最近、〇〇君の様子はいかがですか？楽しそうに学校に通えていますか？」と。

　このようなことを繰り返していくと、保護者にとって「学校からの電話」が全くネガティブなものではなくなる。「子育てのパートナー」として、かなり有効なツールの一つになる。

　「先生があなたのことを褒めてたよ」と、保護者から子どもに伝わることの効果もまた絶大だ。

最も難しい
連絡帳対応のポイント

　まず、連絡帳の対応が「最も難しい」という認識をもつことが大切だ。相手の感情が読み取れず、かつ、こちらの意図を文字だけで正確に伝えるなんて、あまりにも高度だ。

　では、何でもかんでも「後ほど電話します」と書けばよいかというと、それにもまた慎重になりたい。時間をかけて文章を「わざわざ」書いているということに、保護者には保護者なりの意図があるのだ。だって、電話した方が明らかに早いのだから。理由として考えられるのは、

○ 教師の退勤後に気づいたことで、朝は忙しい。

○ 電話をすると感情的になってしまいそうだ。

○ 口で説明すると支離滅裂になりそうだから、きちんと整理して書きたい。

　どれが当てはまるかは分からないが、少なくとも保護者は電話での返答を望んでいないことが考えられる。しかし、教師としても、文字に残すのにはリスクがある。そこで、こうするとよい。

　心理的事実に真摯に向き合い、連絡帳に誠実に（70 ページのような）返事を書く。そして、客観的事実については、聞き取ったことを整理して電話で伝えさせてほしいと書く。保護者はまず、感情に寄り添ってもらえたことでホッとする。だから、電話でも話しやすくなるのだ。

第5章

個別面談で『聞く』ための語り

個別面談の意義

何のための面談か

　学校によって面談は「個人面談」「三者面談」「保護者面談」などと呼ばれ方が異なるので、この章と次の章では「個別面談」という言葉で表現させていただいた。

　何のために面談をするのか。言うまでもなく、本書で繰り返し伝えてきた「子育てのパートナーシップ」を強固にするためだ。そのために学校での様子を伝え、家庭での様子を『聞く』。そして、子育てのベクトルをブラシュアップしていく。それが個別面談の目的だ。

方向性を前提に

　社会全体で当事者意識が薄れ、反比例するように顧客意識が高まっていることはすでに述べた。この個別面談でも同じだ。個別面談は、学校側が子どもの情報をたくさん提供し、保護者側がそれを受けて持ち帰るというような、「サービスを提供する側とサービスを受ける側」の関係性を強固にする機会になってはいけない。知らず知らずのうちに保護者をパートナーの関係性から外し、お客様扱いしてはいないだろうか。

　保護者と教師は、向かい合う関係ではない。子どもの一歩後ろから、子どもの未来をともに見つめる関係だ。その方向性を常に意識できる個別面談づくりをしていきたい。

「話す」より『聞く』

　そこで最も大切なのが、『聞く』姿勢だ。保護者の中には、「個別面談は先生の話を聞く時間だ」という意識で来る方も少なくない。そういう方は、「お子さんのことで気になることはありますか？」と聞いても、平気で「ありません」と言う。もし、その言葉の意味通りに受け止めると、「我が子が気にならない」ということになる。そんなはずがない。そこで、その返答の背景を考えてみたい。

　①　子どもが立派で心配がない。
　②　親自身が忙しくて、子どもの生活にまで興味が行き届かない。
　③　先生に言っても意味がない。この面談に何も期待していない。
　④　できるだけ早く終わってほしい。
　⑤　そもそも一対一で話すのが苦手。

　苦しいが、このようなところだと思う。それだけ、学校と保護者の分断は進んでしまっているのが現実だ。本音を『聞く』のは難しいことを前提としたい。でも、だからこそ聞いていくのだ。一対一だからこそ『聞く』ことを諦めずに、同じ方向を見られるパートナーの土俵に引っ張り上げる。それが個別面談のゴールだと思う。

15分間を組み立てる

面談が得意な人？　苦手な人？

　正直に言うと、私はこの個別面談が、一年間の仕事で一番しんどい。これは大事にして勝負感をもって取り組んでいるからだということもあるが、人間関係がまだそこまでできていない方と一対一で話すことがシンプルに苦手なのだ。その日が終わると信じられないくらいの疲労を感じるし、表情筋が筋肉痛になる。何も準備せず、どの保護者とも15分間楽しげに話して面談をこなしていく人を見ると、心底羨ましいと思う。何事もそうだが、得意と苦手がある。

　面談のプロでもスペシャリストでもない、むしろ苦手な私だからこそ、読者の皆さんと同じ目線で考えられると思うので、一緒に考えていきたい。

一年に一度きりの15分間

　学校として何分間の個別面談が計画されているかはさまざまだと思うが、仮に15分間だとする。30人学級だとすると、同時期に15分×30回の個別面談をすることになる。30回のうちの1回と考えると、「あぁ、やっと16人終わった。あと14人だ」なんて思ってしまう。少し進んだら、また数える。カウントダウンまでしていく。

　しかし、保護者にとっては、たった1回きりの個別面談だ。

もっと言えば、ほとんどの保護者にとっては、1年間に一度きりの15分間だ。そして、持ち上がりなどで複数回担任しない限り、その方と自分が一対一でじっくり対話できるのは、多くの場合は一生でこの15分間だけだ。

そんな一度きりの機会で、「子育てのパートナー」としての関係性をより強くしていくことを目的としていくとしたら、15分間というのはあまりにも短いと思えるはずだ。そう、全く無駄にできないのが、この15分間だ。

15分間を細分化する

45分の授業を組み立てるときに、45分を一塊で考えることはないだろう。導入・展開・終末の3つに分けて、展開をさらにいくつかに分けると思う。

15分間であっても、まとまりで考えるのではなく、ブロックに分けて考えることで、『聞く』力が研ぎ澄まされていく。

私の場合、3段階に分けて考えている。

① 保護者に『聞く』
② 良さを語る
③ 伸びしろを語る

次のページから1つずつ紹介していく。

『聞く』から始める個別面談

まずは『聞く』

　よくある個別面談の流れとしては、こちらから伝えたいことを伝え、最後に「では、お母（父）様から何か気になることはありますか？」と聞くパターンだ。しかし、時間は限られている。こちらから伝えるべきことが山盛りになり、時間が終わってしまうということは避けなければならない。そして一番大切にしたいことは、『聞く』ことだ。であるならば、最初に『聞く』段階をもってくればよいのだ。以下に、私の面談を始めるときの流れを紹介する。

保護者の様子を探る

　まず、保護者の様子を探るために、廊下から席に案内するまでのほんの短い時間に世間話をする。言い方は悪いが、ジャブを入れるというわけだ。私の場合には夏休み中の面談が多いので、こんな感じだ。

　「今日も暑いですね」

　「今日○○さんはどうしていますか？」

　「これだけ暑いと、なかなか外に出られませんよね」

　このような質問をできるだけ明るく、笑顔でしていく。すると答え方や声のトーンで、保護者がどのような気持ちで、またどのようなモチベーションでその場に来ているか、そし

て話すことが好きなタイプかあまり話したくないタイプかがキャッチできる。その上で、どのように『聞く』かの作戦を立てられる。しっかりと準備していれば、相手に応じた『聞く』を選択することができる。Yes/No のフローチャートを一度書き出してもよいだろう。

初めに『聞く』こと

保護者の方が席に着いたら、私はまずこのように話す。

「私の方からお伝えしようと考えていることもあるのですが、面談時間が限られているので、先に保護者の方からのお話を聞かせていただきたいと思っております。何か学校生活で気になることや、お聞きになりたいことはありますか？」

ここですらすらと保護者の声を引き出せると思ったら、考えが甘い。大体の保護者は、まず担任が話してくれると思っている。少々面食らわせてしまうことでもある。個別面談に向けて、あらかじめ聞こうと思っていることを整理して臨んでくれる方もいるが、少数だ。79ページで書いたように、「特にありません」と言われることを覚悟しておこう。予測していれば準備できる。「相手が話さないなら自分が話すしかないか…」と慌て出すのではなく、用意した中から次なる質問を選べばいいのだ。例えば、このような質問だ。

「学校であったことを自分からよく話しますか？」
「〇年生になってから変わったことはありますか？」
「下校後は何をして過ごしていますか？」
「宿題は自分からやりますか？」

良さを語る

担任だからこそキャッチできた良さを伝える

　「授業中はいつも集中して取り組んでいて、積極的に挙手をして発言してくれます。とてもまじめなので、課題を提出できないということがありません」。…きっとこれ、保護者は毎年同じようなことを言われている。言われ慣れている。その程度しか語れないのであれば、教師は「良さ」を伝えたつもりでも、保護者は我が子の「良さ」を持ち帰ったことにはならない。ほかの誰でもない、今担任している「私」だからこそキャッチできたことを伝えたい。

解像度を上げる

　上の例で、まず「いつも集中して」と伝えたいのであれば、あなたは具体的にどんな姿を見てそう思うのか。書き出してみるとよい。

・私語がない。
・授業と休み時間とのメリハリがある。
・課題への取り掛かりが早い。
・課題を仕上げるのが早い。
・試行錯誤してよりよい学びにしようとする。
・誰よりも目が合う。
・うなずいたり、返事をしたりするなどの反応がある。

「集中」という言葉は、多面的に捉えれば実にさまざまな表現ができる。保護者が我が子の姿を目に浮かべることができるように話したい。

「積極的に挙手して発言」というのも、教科を問わずなのか、特に多い教科があるのか、自信があってもなくてもなのか、1日に1回なのか、毎時間2回くらいなのか、さまざまな伝え方ができる。

この伝え方は、きっと自分だけしかしないだろうなと言えることをモチベーションに、良さを整理していきたい。「本当に我が子のことを見てくれているなあ」という実感は、一番の信頼につながる。

「語る」と『聞く』をセットにする

伝えて終わりではなく、語ったら『聞く』ということを自分のくせにしてしまうとよい。例えば、

「どの教科の課題でも、説明の後に『では、始めましょう』と言って一番先に取り掛かるのが〇〇さんです。そして悩んだり、試行錯誤したりしながら、最後まで集中力が持続します。おうちでも同じですか？」

のように『聞く』をセットのするのだ。

「いやいや、家ではだらけてばかりで信じられません」と言われたら、「おうちが安心安全で、リラックスできるからこそ、学校で頑張れるのですね。ありがとうございます」と感謝できる。おうちでも同様であれば、「すごいですね！　一体どんな風に子育てされてきたんですか？　勉強させてください」と尊敬できる。『聞く』はポジティブな行為だ。

伸びしろを語る

「課題」ではなく「伸びしろ」

私は「伸びしろ」という言葉が好きだ。子どもに対しても、自分に対しても。「伸びしろ」を実感できる人生は幸せだと思う。人は「成長したい」生き物なのだ。

一方、「課題」「直すべきこと」「問題点」「改善点」と言われると、心の奥にあるつまらないプライドが顔を出し、無意識に反発しようとする。単なる言葉のマジックかもしれないが、どんな言葉をチョイスするのかに教師の誠実さが見え隠れするのもまた事実である。

もれなく全員に伝える

クラスには、オールＡで性格もよく、目を見張るようなスペシャルな子もいて、「『課題』なんてない。とにかくこのままでいい。このままでいてくれ！」と拝みたくなるような子もいる。

「課題」や「改善点」を挙げろと言われればないのかもしれないが、「伸びしろ」と言い換えるとどうだろう。厳しいことを言う。もしその子の「伸びしろ」を１つも見出せないとしたら、その子にとってあなたはもう用なしだ。

だからこそ、全ての保護者に子どもの伸びしろを伝えていきたい。むしろ、そんなスペシャルな子の保護者ほど、これ

までの個別面談で伸びしろを示してもらったことはないのではないか。そんな中、あなたがその子の伸びしろに寄り添える教師であれば、もはや信頼にしかならない。

伝え方の極意

　とはいえ、いきなり「お子さんの伸びしろは、‥‥です」と言い放つのも難しい。ここで、伝え方の極意を伝授する。

　それは、「私が担任として気をつけていることは…」と頭に付けることだ。これだけで、本来ネガティブに捉えられそうな内容も、ポジティブに受け止められるようになる。

　例えば、すぐカッとなって手が出てしまう子。

　「思い通りにならないことがあると、すぐ手が出てしまってケンカになることが何回かありました。おうちでも話していただけますか？」と伝えるか、

　「私が担任として気をつけていることは、〇〇君の心情に寄り添うことです。思い通りにならずに、カッとすると手が出てしまうことが何度かあったのですが、そういうときには必ず、〇〇君には〇〇君なりの言い分がありました。だから、頭ごなしに否定するのではなく、〇〇君の思いを聞いた上で『それは嫌だったね』と寄り添い、『でも、手を出しちゃったらその嫌な気持ちは伝わらないね。どうしたらいいかな？』と一緒に考えるようにしています」と伝えるかで、受け取る保護者の気持ちが全く変わってくる。

　後者の伝え方をすると、保護者に「こうしてほしい」なんて全く要求していないのに、「家でも気をつけて話してみます」なんて、保護者の方から言ってくれるものだ。

コラム
「感動の個別面談」

　我が家には、小学生から高校生までの3人の子どもがいる。つまり、我が子の個別面談に親として何度も参加している。すでに24回。そのほとんどを妻にお願いしてきた。

　個別面談をお願いした日の夜、「今日の面談どうだった？」と聞くと、残念ながらそのほとんどが「特に…」という返答だ。この「…」の続きを補足するならば、「特に、親として把握していたり、思っていたりしたこと以上の有益な話はなかったよ」ということだろう。

　そんな中、私が聞くよりも先に「今日の個別面談は感動したよ。教師としても勉強になった。個別面談ってこうやるんだね」と熱く話してくれたことがあった。詳細に教えてくれたが、その個別面談は次のような流れだった。

　① 労い…「子育て大成功おめでとうございます。素晴らしいお子さんに育っています。ここまで○年間本当にお疲れ様でした」
　② 親の話を『聞く』
　③ 良さ…「私が○○さんの素敵だなと思う点は、特に2点あります。1点目は…」
　④ 伸びしろ…「私が担任として気を付けていることも2点あります。1点目は…」

　まずい！　私がいかに真似しているかがバレてしまった。

第6章

信頼を得る個別面談
―『聞く』ための構え―

時間厳守

保護者の時間を大切にできる教師であれ

　教師は勤務時間内の勤務として給料をもらい、エアコンの効いた部屋の中で保護者の到着を待ちながら、個別面談が進んでいく。

　そこで、まずは保護者がどのような状況の中、教室に足を運んでいるかについて思いを巡らせることのできる教師でありたい。

　働いている保護者であれば、有給休暇を取得しなければならない。その手続きも必要であるし、同僚のスケジュールの確認や調整、時には頭を下げることも必要だろう。

　働いていない保護者の場合でも、弟や妹がいればその預け先も必要になる。祖父母にお願いしたり、臨時でシッターに依頼したり、仕方なく面談に同席させたりすることが必要になる。

　その上でようやく、熱中症警報が出ている中、大粒の汗をかきながら時間に間に合うように駆けつけるのだ。

　さらにエアコンの効かない廊下で順番を待ち、面談後には急いで仕事に戻ったり、預かってくれた人のもとへ駆けつけたりして、やはりお詫びやお礼をする。

　ここまで想像力が働けば、簡単に開始時刻を遅らせることも、面談時間を延ばすこともできないだろう。だがはっきり

言うが、これを簡単に、そして大して悪びれもせずに平気で行う先生もいる。開始時刻が5分遅れたら、その後の話は何も残らない。残るのは不信感だけだ…というくらいの覚悟でいるといいだろう。

話を切る難しさ

自分が話をしているときであれば、話を切って個別面談を終わらせることは難しくない。しかし、保護者が深刻な相談をしているときだと、話を切るのは難しい。

そんなときは、面談を「終わらせる」という意識を捨て、面談を「休止する」提案をするとよい。

「申し訳ありません。次の方の時間になってしまったので、一旦今日はここまでにさせていただいて、別の機会を作らせていただけませんか」と。夕方に電話する約束をして、お帰りいただく。そして、その日の面談が全て終わって電話をし、予定の調整を始めると、その電話口の相談で済むことが多い。

公平な教師であることの大切さ

「時間を守る」のは、その人の時間を大切にしているのと同時に、どの保護者とも公平に実施しているという意味ももつ。だから私は、特に長くなりそうな保護者をその日の最後に設定することもお勧めしない。「私は30分も個別面談したわよ」なんていう噂は、意外と広まったりする。学校行事としての「個別面談」は一律15分。それ以外の相談は、いつでもお待ちしていますという姿勢でいればいいのだ。

待ち時間を豊かにする
アイディア

児童の成果物を掲示する

夏休みだが、個別面談期間だけは、作品や学習の成果物を廊下に掲示することをお勧めする。三者面談であれば、親子の会話が生まれるきっかけにもなる。

クラスの様子をスライドショーにする

待合室を設定できる場合、そこの電子黒板に1学期の子どもたちの様子がスライドショーになって曲に合わせて流れていたら、保護者は終了後にも見たくなる

くらいだろう。手間をかける必要はない。ただただ撮りためた写真を、自動で映るようにするだけで十分だ。

教育書を置く

中には、かなり早く学校に到着される方もいる。複数の教育書を置くことで、面談での会話のきっかけにもなる。このために用意す

るのではなく、教師が持っているものを並べればよいのだ。

待ち時間が豊かになることは、面談を笑顔でスタートすることにつながる。少しの工夫で効果は絶大だ。

環境を整える

清潔感を保つ

　面談場所の清潔感は、何より大切だ。多くは通常の教室であるから、普段子どもが生活している場所が清潔であることは安心感を与える。机を端に寄せた結果、ゴミが出てしまっているようなことがないようにする。

　また、小さくＢＧＭをかけたり、アロマディフューザーを置いたりして、心地よい環境を演出される先生もいた。

座席配置の工夫

　私は、３つ横並びの席を向かい合わせに６つ準備する。廊下に迎えに行って、保護者を先に教室に入れ、「お好きなところにどうぞ」と言って、保護者に選んでもらう。保護者が安心できる席に座ってもらうことから、『聞く』が始まると思うからだ。

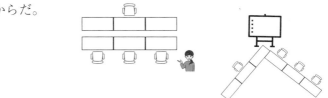

　ほかにも、直角部分に電子黒板が来るようにＬ字型の座席配置にして、画面に児童の様子を映しながら話すという方もいて、素敵だなと思う。

学習面と生活面の根拠

学習面の根拠

　担任の話が抽象的であればあるほど、保護者は我が子の姿をイメージできずに、話は空を切る。だからこそ、抽象的な話ではなく、具体的な根拠を示して話をしたい。

　学習面なら、自治体の学力テストがあれば、その個票は最たる根拠になりえるだろう。また、読者の皆さんがもし、業者テストに付属している集計ソフトに毎回のテストの結果を入力しているとすれば、ぜひ生かしてほしい。ボタン一つで個票が印刷される。点数だけでなく、アドバイスやおすすめの勉強方法まで出してくれるものもある。時間がなくなったら渡すだけでもいい。便利なものはどんどん活用しよう。

生活面の根拠

　生活面となると、学習面に比べて根拠に乏しい。だからこそ、意識的に収集していくことが大切だ。とはいえ、忙しい毎日で、一人ひとりの生活面の記録を蓄積していくのは困難だ。だったら、子どもに聞いてしまえばいい。「よく一緒に遊ぶ子」「休み時間の過ごし方」「クラスで頑張っていること」「もっと頑張りたいこと」など、保護者に聞かれそうなことをあらかじめアンケートで収集しておくとよい。

各種調査やアンケート

アンケートを生かす

　学校では、次から次へと児童アンケートが実施される。年々増えているような気もする。学力、体力、ＱＵ、いじめ、ストレスチェック…等、多すぎて生かしきれない現実もある。だが、我が子がアンケートで何と答えたのか気になっている保護者は意外と多い。学校から保護者へ「〇〇月間でいじめアンケート実施しました」などと、発出することも多い。

　個別面談で「うちの子はなんと答えていましたか？」と聞かれたときに、「えっと…」と口ごもってしまったら、不信を生んでしまう。そんなときにサッと出せるように、常に用意しておくといい。

担任の主観よりクラスの客観

　ときに、面談ではネガティブなことも伝えなければならない。トラブルの加害者になることが多い子などだ。そんなときは、「カッとなると手が出てしまうことがあって、トラブルの原因を作ることがあります。」というより、「実はいじめのアンケートで、（いじめではないのですが）〇〇さんに叩かれたことがあると記入した子が７人いたんです」と伝えた方がよほど説得力があるし、問題意識が高まる。

記録用紙を作る

面談の記録を残す意味

　私は、全員分の面談の記録用紙をあらかじめ作り、面談後は週案簿に貼り付け、管理職にも目を通してもらう。次から次へと相手を変え、面談を重ねる私たちの記憶というものは曖昧で、次々と上書きされていく。でも、保護者にとってはたった1回きりの面談であり、担任と何を話したかは克明に覚えている。そこに乖離があることは、「子育てのパートナー」としては避けたい。だからこそ記録して、時間をおいて読み返すようにしている。時間が経ってから、やっと保護者の要望が叶うことや、やっと保護者の話の意図が理解できることもある。

記録用紙の工夫

　私が作る記録用紙には、面談後に記入する部分だけでなく、面談前に記入する欄もある。面談前に記入するのは、「良さ2点」「伸びしろ2点」だ。あらかじめ用意しているからこそ、迷わずに伝えられる。また、担任評価と面談記録がセットで残せる用紙を管理職と共有できるのは、大変意味がある。

第 6 章 ｜ 信頼を得る個別面談 ―『聞く』ための構え―

月　日		（　　　　　　　　　　）父・母・子・他（　　　）
担任から	良	
	伸	
保護者から		

月　日		（　　　　　　　　　　）父・母・子・他（　　　）
担任から	良	
	伸	
保護者から		

月　日		（　　　　　　　　　　）父・母・子・他（　　　）
担任から	良	
	伸	
保護者から		

プロであればこそ

保護者の「どうすればいいですか？」に応えたい

　子どもの伸びしろを保護者に伝えるのであれば、「どうすれば伸ばせるか」ということもセットで伝えるべきだ。また、保護者から、予期しない「どうすればいいですか？」を引き出すこともある。そんなときには、動じずにさっと答えられるとカッコいいが、まだ経験の浅い先生であれば、かなり難しいだろう。「どうすればいいんでしょうね」と返すと不誠実だし、思いついたことを苦し紛れに必死に伝えても、成長につながることは稀だろう。その場では答えないことも大切だ。

後日提案していけばよい

　「申し訳ありません。力不足ですぐには答えられないのですが、先輩に相談したり調べたりして本当に意味のある具体的な提案をしたいので、時間をください」と言えばよいのだ。その場で自分を守ることに必死で曖昧な受け答えをするより、よっぽど誠実ではないだろうか。

　そして、その日のうちに先輩に聞く。こういう場合は、亀の甲より年の劫。できるだけ教員歴の長い先輩に聞くとよいだろう。学習面であれば、具体的に取り組むワークのようなものを準備するのもよい。ピンチはチャンスなのだ。

「字が汚くて困っています」

　かつて個別面談で、ある母親から「息子の字の汚さが許せなくて疲弊している」と相談された。「私が言っても全然聞かないから先生からも厳しく言ってほしい」とも。確かに乱暴な字を書きなぐる子だった。

　さて、あなたが担任ならどのように返すだろうか。もちろん、面談だから即興的に答えなければならない。

　私はまず、児童本人よりも母親が「困っている」という心理的事実に寄り添い、謝罪した。「私が細かいところまでチェックして書き直しの指導をすべきところを、ご心配をおかけして申し訳ありません。」

　その上で3点お願いした。

　「整った文字の書きづらさの原因を見極めたいので、少し時間をください」

　「楽しく取り組めるような教材を用意したいので、個別の課題を出させてください」

　「今後は、とにかく褒めてください」

　そして私は、整った字を楽しく書く練習ができるワークを書店で購入して、毎日少しずつ取り組ませた。家でも、学校でもこのワークに書いた字をひたすら褒められるのだから、どんどん前向きに練習してくれた。当然、ワーク以外の場面でも、整った字が書けるようになった。

　年度末には、母親から感謝の手紙をいただいた。そこには「さすが教育のプロ」と書いてあったが、子育てのパートナーシップを結べたことの成果でしかないことを実感した。

一番大切なのは「面談後」
〜面談は終わりではなく始まり〜

　個別面談の目的は、「子育てのパートナーシップ」を強固にしていくことだとお伝えした。そして見事、個別面談でこの「パートナーシップ」のベクトルがブラッシュアップされたのなら、それは終わりではなく始まりであることがよく分かるはずだ。個別面談は疲れる。終わってホッとする。だが、「よい面談」であればあるほど、始まりなのだ。なぜなら保護者は、あなたを「子育てのパートナー」として認め、より子どもの成長に寄り添ってもらえると思ってくれているはずだからだ。

何を始めるか

　まずは、面談の記録を見返して、分類してみることが大切だ。

　① 学年主任や管理職の耳に入れた方が良いこと。
　② すぐに保護者への返事が必要なこと。
　③ 子どもの経過を追うべきこと。
　④ その後の様子を『聞く』べきこと。

　私は面談の記録に、蛍光マーカーペンで色分けをしておく。

子どもの経過を追うべきこと

　これは、個別面談の際に、「学校でも引き続いて様子を見ていきます」と約束したことだ。たまに記録を読み返して、子どもの様子を探る。そして、頃合いを見て保護者に連絡するのだ。

　「面談のときに話した…の件ですが、今〇〇さんはすごく頑張っています。今日なんか…」と喜びを伝えることができる。

その後の様子を『聞く』べきこと

　これは、家庭での様子や学校外のことで情報共有したことで、特に保護者が心配していた件などだ。よいタイミングで「その後いかがですか？」と電話で聞くことで、先生はずっと覚えて心配してくれていると、こちらの思いに気づいてもらうことができる。

全ては「子育てのパートナー」として

　パートナーというのは、伴走者でもある。「ペースを調整しながら一緒に走ってくれている」と思ってもらえるかどうかは、熱意ではなく具体的な行動にかかっている。1年にたった一度の個別面談を生かすも捨てるも、全ては教師しだいなのだ。

コラム

「予定外の個別面談」

　ある年、個別面談の空きコマに卒業生の保護者が突然入室してきた。驚く私にその方は「知り合いのママから空いている時間を聞いちゃいました」とおっしゃった。

　そして「卒業してから娘は益々、先生と心で対話し前に進めています」と涙を流しながら話してくれた。

　「卒業後、選択に悩んだ時、悔しい思いをした時、努力が報われた時、ファイリングして大切にしている学級通信を読み返しては、娘は何度も自分を奮い立たせています。『先生に相談やお礼に行ったら？』と言うのですが、『大丈夫。これを読めば頑張れる。まだ会えない』と言うので代わりに来ました。母親の私が思っていたより、遥かに先生の言葉に娘が救われていたことを今さら思い知らされました。娘がいつでも戻れる原点を築いてくださりありがとうございました」

　私も溢れる涙を堪えきれず、あまりの嬉しさと恐縮で語彙力を失い「こちらこそ」とお礼を申し上げることしかできなかった。担任していたときは、このような深い話をしない方だったので、「パートナーシップ」はどのタイミングで強固になるか分からないものだと思った。

　この子は今、教員を目指し、私の学校で補助員として「子育てのパートナー」になってくれている。

　思いは伝わるし、未来へとつながっていくのだ。

終わりに

今さらながらの自己紹介

　本書を最後まで読んでくださり、ありがとうございます。自己紹介が、遅れに遅れました。私は東京都で公立小学校の教師をして19年目となります。今も担任をしています。この先、担任をしていない自分の姿をイメージできないほどこの仕事が好きですが、若い頃は保護者との関係性で悩むこともありました。今思えば、自分が未熟だったなと思うことばかりです。それとともに、保護者との望ましい関係構築のために、具体的にできることをもっと知りたかったなとも思います。

　意外に、「保護者対応」に焦点化した書籍やセミナーなどの学びの機会は多くないのです。教師のストレスの第1位であるのにも関わらず。

　私は、「保護者対応のスペシャリスト」として有名なわけではありません。私が担任するクラスの保護者の担任満足度（そんなものは測っていません）が、常に高いわけでもないでしょうし、私への不信感を抱かせてしまうこともきっとあるでしょう。それでも、少なくともここ10年くらいは、保護者の方からネガティブな批判を受けることはなく、保護者対応にストレスを抱えることもありません。

ここ数年は、学年主任や主幹教諭として、若手の先生の保護者対応に関わることも多くあり、具体的に助言を重ねることの大切さを実感している毎日です。

　保護者の立場に立ち、その対応のポイントを知っているのと知らないのとでは、教員人生そのものを大きく左右するばかりか、その先生の日々の幸福感にも影響することを痛感します。

　そんな中、私のX（旧 Twitter）でのポストが、多くの教師だけでなく、保護者の共感を呼んでいることをキャッチしてくださった、学芸みらい社編集者の阪井一仁様よりご依頼があり、この本を執筆させていただくことになりました。

まず心のゆとりありき

　ここまで読んでくださって、率直にどのようにお感じになったでしょうか。「こんなこと、全部やってられないよ」と、ふてくされてしまっていないか若干心配しております。恥を捨てて正直に言うので、安心してください。私も、ここに書いたことを毎年全て実現できているわけではありません。これまでやってきたことの中で、手ごたえを感じたものを書きました。

　今はこれらの中から、「今できること」「今すべきこと」の優先順位を付けながらやっています。なぜなら、教師の仕事はあまりにも膨大で、多岐にわたるからです。明日の授業準備もできていないのに、怒っている保護者と夜遅くまで面談し、次の日に子どもの前に笑顔でなんて立てないではないですか。

　「はじめに」で紹介したアンケートで、「業務に関連したス

トレスや悩みはありますか？」の質問に対して、「保護者・PTA・地域などへの対応」が最も多かったのは、保護者への対応そのものがストレスなのではなく、保護者への対応によって子どものためにかけたかった時間がなくなってしまうからなのではないでしょうか。子どものために、自分の時間を使いたいのに使えないことがストレスなのではないでしょうか。

だからこそ私は、保護者と教師が同じ方向を向き、子どものために時間を使えるパートナーシップこそが大切だと強く思い、その信念で執筆しました。

　どうか、あなたは「笑顔で子どもの前に立つためにはどうしたらよいか」ということを最優先にし、「今すべきこと」を考えてください。その先に子どもの笑顔があり、保護者の笑顔もあるはずです。

　本書があなたの笑顔に少しでもつながり、「教員はいいぞ」と思える心の灯の煌めきが、誰かの笑顔を照らしていく一助になれば望外の喜びです。

　最後の最後に…。絶対に一人で抱えないでください。もし、保護者から批判や怒りを受けることになっても、それはあなた一人の人格や教師としての力量を否定するものでは決してありません。

　あなたの笑顔で笑顔になれる「あの子」のためにも、相談する勇気をもってください。ずっと応援しています。

生井光治

〈参考文献〉

坂田 仰
『裁判例で学ぶ 学校のリスクマネジメント ハンドブック』
時事通信社、2018年

坂田 仰、河内祥子
『イラストと設題で学ぶ 学校のリスクマネジメント ワークブック』
時事通信社、2017年

坂本良晶
『生産性が爆上がり！さる先生の「全部ギガでやろう！」』
学陽書房、2023年

東京都教育相談センター
『学校問題解決のための手引～保護者との対話を生かすために～（令和4年3月改訂）』
東京都教育相談センター、2022年

永松茂久
『人は話し方が9割』
すばる舎、2019年

永松茂久
『人は聞き方が9割』
すばる舎、2021年

渡辺道治
『BBQ型学級経営』
東洋館出版社、2022年

[著者紹介]

生井光治（なまい・みつはる）

1983年生まれ。2006年より東京都公立小学校教諭。Canva認定教育アンバサダー、EDUBASE CREW。3児の父、野菜ソムリエ。
地道に、ただ地道に目の前の子どもたちの目がいかに輝くかについて一瞬一瞬向き合い、実践を積み重ねる。33歳より担任と教務主任を兼務し、すべての教員が持続可能な職場環境を目指して働き方改革を推進。
その実践やアイデアはX（https://twitter.com/backnamchildren）で定評がある。
著書に『教師・子どもワクワク！ 小学5年理科 全単元スライド＆ワークシート』『集団を仲間に変える学級経営「トガリ力」輝く12ヶ月の学級会実践』（共に学芸みらい社）がある。

若い教師のパートナーズBooK ／ 学級経営
保護者対応
信頼はぐくむ教師の「聞く力」

2025年1月5日　初版発行

著　者	生井光治
発行者	小島直人
発行所	株式会社 学芸みらい社

〒162-0833 東京都新宿区筆笥町31番 筆笥町SKビル3F
電話番号 03-5227-1266
https://www.gakugeimirai.jp/
e-mail：info@gakugeimirai.jp

印刷所・製本所	株式会社ディグ
企画	阪井一仁
校正	西田延弘
装丁	吉久隆志・古川美佐（エディプレッション）
本文組版	児崎雅淑（LiGHTHOUSE）

落丁・乱丁は弊社宛にお送りください。送料弊社負担でお取り替えいたします。
© Mitsuharu NAMAI 2025 Printed in Japan

ISBN 978-4-86757-067-8 C3037

若い先生のパートナーズBooK
PARTNERS' BOOK FOR YOUNG TEACHERS

教室とは、1対30で勝負する空間。
教師は、1人で30人を相手に学びを創る世界に飛び込むのだ。
次世代をエスコートする「教室の責任者」である担任は、

- 気力は眼にでる
- 教養は声にでる
- 秘められた感情は口元にでる

これらをメタ認知できる知識人にして行動人であれ。
その水源地の知恵が凝縮されたのが本シリーズである。

PARTNERS' BOOK
FOR
YOUNG TEACHERS